經典與解釋

中國傳統　經典與解釋

入其國，其教可知也……其爲人也：溫柔敦厚而不愚，則深於《詩》者也；疏通知遠而不誣，則深於《書》者也；廣博易良而不奢，則深於《樂》者也；潔靜精微而不賊，則深於《易》者也；恭儉莊敬而不煩，則深於《禮》者也；屬辭比事而不亂，則深於《春秋》者也。

——《禮記·經解》

中國傳統 經典與解釋
Classici et Commentarii

清人經史遺珠叢編

周春健 郭康松●主編

起鳳書院答問
——外一種《左傳義法》

[清]姚永樸 方苞◎撰
郭康松 王璐 林久貴◎校注

華夏出版社
HUAXIA PUBLISHING HOUSE

"清人經史遺珠叢編"出版說明

對於任何一種文明的深切把握,都需要通過精心研讀支撐這種文明的經典著作來完成。華夏文明亙古綿長,經典富贍,尤其需要後世學人潛心向學,孜孜研求。清代至民國初年,中國傳統學術經歷了一個大總結時期,清代學者重視文字考據,遵沿"由小學入經學,由經學入史學"的治學路徑,使傳統經典中的諸多難題都"渙然冰釋"。在這一大背景下,清代至民國初,也出現了一批新的學術初步讀物,前接漢學的主張固然使得學風師古,但畢竟年代已久,如何在吸收新的學術成果的基礎上引領新生學子入門,成為新的時代需求。

時過境遷,當時的入門讀物業已成為現代學子的珍品。1977年,臺灣廣文書局印行《國學珍籍彙編》,精心選取清代至民初國學著述28種,影印出版,作為古代經典的輔翼讀物。內容涉及經史子集,匯集了眾多一流學者,如顧炎武、王夫之、陸隴其、萬斯大、李漁等。惜《國學珍籍彙編》多為清代刻本之影印本,既無標點,又無注釋,不利於現代學子研讀。為此我們從中擇取涉及經史的著述14種進行整理,以利今用,以廣其傳(《彙編》中有些著作雖富價值,因已有現代整理本不再收錄,如顧炎武《菰中隨筆》、王夫之《四書箋解》等)。所選諸種主要涉及經史,且多為短制,故具名"清人經史遺珠叢編"。整理方式為:繁體橫排,施加現代標點,針對難解語詞、人物職官、典章制度、重要事件等下簡明注釋。如今的古籍整理,大多僅點校為止,如此習慣做法使古書仍然是"古書",我們的企望是,通過校注使得古書真正成為當今向學青年的活水資源。

點校注釋工作,主要由湖北大學古籍研究所承擔。

古典文明研究工作坊
中國典籍編注部丙組
2009 年 3 月

目　　録

姚永樸　起鳳書院答問

校注说明 …………………………………… 3
弁言 ………………………………………… 5
卷一　經(15條) …………………………… 6
卷二　史(22條) …………………………… 30
卷三　子(14條) …………………………… 56
卷四　集(19條) …………………………… 82
卷五　雜(10條) …………………………… 99

方苞　左傳義法

校注说明 …………………………………… 117
一、齊連稱、管至父弒襄公 ……………… 120
二、韓之戰 ………………………………… 122
三、城濮之戰 ……………………………… 129
四、邲之戰 ………………………………… 136

五、鄢陵之戰 ………………………………… 148

六、宋之盟 …………………………………… 155

後跋

  1. 楞伽山人記 ……………………………… 162

  2. 李光廷識 ………………………………… 162

起鳳書院答問

清·姚永樸　撰

郭康松　王　璐　校注

校注说明

姚永樸(1861－1939)，字仲實，晚號蛻私老人，安徽桐城世家，屬麻溪一支。此脈人才輩出，清初名臣姚文然、清乾隆進士姚範、桐城派三祖之一的姚鼐，都是此脈的傑出代表。姚永樸祖父姚瑩為一代名宦，曾任廣西按察使，"姚門四傑"之一。其父姚俊昌，曾任湖北竹山縣令。

姚永樸幼秉庭訓，刻苦自勵於學。少從家學，後因家貧外出授經為生，得以遍訪名師，如張裕釗、方宗誠、蕭穆、吳汝綸、鄭杲等，皆當世鴻儒。1894年中順天鄉試舉人。1901年客遊廣東信宜縣，為起鳳書院山長。1903年，應山東高等學堂之聘為教習。後被安徽高等學堂監督嚴復聘為倫理教習，任教六年。1909年，被聘為學部諮議官，京師法政專門學堂國文教習。1914年，北京大學聘其為文科教授。清史館館長趙爾巽復聘其充清史館纂修，成《清史稿》四十餘卷。1921年，南歸，掌秋浦周氏宏毅學舍教務三載。1926年秋，赴南京，教授東南大學。1928年初，被安徽大學聘為教授。1936年秋謝病歸里，1938年，為避日寇，攜家小避宿松。未幾，由贛入湘，止於桂林。1939年7月卒。編著有《尚書誼略》、《論語解注合編》、《諸子考略》、《群經考略》、《群儒考略》、《十三經述要》、《七經問答》、《大學古本解》、《蛻思軒讀經記》、《倫理學》、《外國文學》、《文學研究法》、《史學研究法》、《史事舉要》、《舊聞隨筆》、《蛻私軒易說》、《詩說》、《古今體詩約選》、《惜抱軒詩訓纂》、《蛻私軒集》、《蛻私軒續集》等數種。

　　《起鳳書院答問》，如作者書前所記，乃是其在廣東信宜起鳳書院任教習時，對諸生疑問的解答匯總。姚永樸在山東任教時，利用閒暇時間對其進行整理，稍加修訂，而成此書，分為五類，即經、史、子、集、雜，共計80條（阿拉伯數字為校注者所加）。此次校注，採用臺灣廣文書局《國學珍籍彙編》影印本。除加標了現代標點外，對人名地名和疑難字詞句等也進行了解釋。簡短的字義、詞義的注音、解釋，書名的注解，採用夾注的形式；而較複雜的字詞義以及人名、事件的注釋則採用頁面下方腳注的形式，以方便閱讀，滿足不同程度讀者的需要。

弁　言①

光緒辛丑_{光緒二十七年，公元1901年}，予以同邑葉玉書大令_{對縣官的敬稱}之招，主講信宜_{地名，今屬廣東茂名市}起鳳書院。諸生肄業者時質所疑，輒據鄙見答之，積久成帙。壬寅_{光绪二十八年，公元1902年}，襄輔助教事於山東高等學堂。講授之暇，復取舊稿，稍加刪改，以類鈔之，為五卷，將就有道_{有才藝道德的人}而正焉。桐城_{今安徽桐城市}姚永樸記。

---

① "弁言"二字為校注者所加。

起鳳書院答問卷一

1. 梁宗俊問:"乾嘉諸老爭談漢《易》,不知漢《易》源出何書? 其説視王輔嗣①以後諸傳注何如?"

漢儒説《易》,卦氣以《易》六十四卦與四時、月令等相配之法、五行構成物質的五種元素,金、木、水、火、土、納甲②、消息③、爻yáo辰鄭玄用乾坤六爻與十二時辰相配合以研究《易》諸説,大抵源於緯wěi書漢代依託儒家經義的占驗之書,未始未必非《易》之一義。然以《十

---

① 指王弼(226-249),字輔嗣,三國魏山陽人。好論儒道,與何晏、夏侯玄等開玄學清談之風。有《周易注》、《老子注》等。

② 謂天干分納於八卦,乾納甲壬、坤納乙癸、震納庚、巽納辛、坎納戊、離納己、艮納丙、兑納丁。相傳出於《京氏易傳》,後代卜筮家以干支與卦爻、五行、五方相配。

③ 乾六爻為息,坤六爻為消。《易》乾卦主陽,坤卦主陰。陽昇則萬物滋長,故稱息;陰昇則萬物滅,故稱消。

翼》①衡之，則王弼、程朱②專以義理經義名理為說，所得多矣。蓋漢《易》之用，不外占驗。義理之學，則於天道自然界的變化規律、人事發揮為切。讀"公用射隼sǔn，惡鳥於高墉城牆之上"語出《周易·解卦第四十》而知"君子藏器於身，待時而動"語出《周易·繫辭》；讀"鳴鶴在陰背陰，其子和之"語出《周易·中孚卦第六十一》而知"言行，君子之樞機樞，戶樞，門戶的轉軸。機，門橛。二者並稱，猶言門戶機關的機要，借喻君子言行的重要性"語出《周易·繫辭》。孔子何嘗溺心於象數源于卜筮，為表徵宇宙萬物和人事變化的符號體系乎？夫漢儒說經，不特僅僅，只是訓詁解釋字句、名物給事物正名、命名精博過於後人，即聖賢之微言大義精微的語言，深奧的含義，亦多有賴以不墜猶不失者。然王輔嗣說《易》，舍象數之支離；王子雝③之說《禮》，舍讖chèn，吉凶征驗的隱語或預言緯漢代依託儒家經義宣揚符籙、瑞應、占驗之書，相對於經書而稱緯，漢代流行之怪誕。其識見究不可謂非卓，近人必以其不出於漢而詆之，是特門戶之見未化耳，徙義見義即改變意見而從之從善依從善道，聽從善言之君子，夫豈其然。或曰輔嗣尚《老》、《莊》，獨無弊

---

① 《周易》的《上彖》、《下彖》、《上象》、《下象》、《上繫》、《下繫》、《文言》、《說卦》、《序卦》、《雜卦》十篇解《易》著作，相傳為孔子所作，為《周易》之輔翼，故稱"十翼"。

② 指程顥、程頤和朱熹。程顥(1032－1085)，宋洛陽人，字伯淳，世稱明道先生。程頤(1033－1107)，程顥弟，字正叔，世稱伊川先生。二人早年同受業於周敦頤，世稱二程，同為理學奠基人。朱熹(1130－1200)，宋徽州婺源人，字元晦，一字仲晦，號晦庵，人稱考亭先生。得二程之傳，集北宋以來理學之大成。

③ 指王肅(195－256)，三國魏東海郯人，子雝為其字。曾綜合諸家之說，遍注群經。

乎？曰輔嗣之引《老》、《莊》，六十四卦中不過數條耳，要無害於全體也。康成①注《禮運》，注《乾鑿度》西漢末緯書《易緯》中的一篇，亦嘗引《老子》為說，又可因一二語而薄其全書耶？

李氏鼎祚②云："自卜商③之後，傳注百家，唯王王弼、鄭鄭玄相沿，頗行於代。鄭則多參天象，王乃全釋人事。《易》之道豈偏滯於天人哉？而天象難尋，人事易習，《折楊》、《黃華》黃，又作皇。《折楊》、《黃華》，皆古俗曲，意此為流俗者所賞，學徒多從之。"語出李鼎祚《周易集解序》，與原文稍異此宗漢《易》之言也。吾不知天道果出人事之外乎？從輔嗣、伊川程頤讀《易》，豈於天道反，茫無所睹乎？陳直齋④又云："自漢以來，言《易》者多溺於象占之學，至王弼始一切掃去，暢以義理，於是天下宗之。然《易》有聖人之道四焉⑤，去三存一，於道闕矣。"語出南宋陳振孫《直齋書錄解題》，與原文稍異此語誠然。

---

① 指鄭玄（127-200），東漢北海高密人，康成為其字。經學大師，曾遍注群經。

② 李鼎祚，生卒年不詳，唐資州人。有《周易集注》、《連珠明鏡式經》。

③ 卜商（前507-？），春秋末衛國人，一說晉國溫人，字子夏。孔子弟子，相傳作《詩序》。

④ 指陳振孫（？－約1261），宋湖州安吉人，字伯玉，號直齋。藏書五萬一千餘卷，作《直齋書錄解題》。

⑤ 《周易·繫辭》言："《易》有聖人之道四焉：以言者尚其辭，以動者尚其變，以製器者尚其象，以卜筮者尚其占。"

然漢儒所說象占,自施①、孟②、焦③、京④以迄鄭、虞⑤,固已不能一致。吾不知聖人所取之象果如是乎? 竊謂朱子指朱熹《易象說》云:"《易》之取象《周易》專用語,指卦象,固必有所自來,而其為說必已具於太卜官名,殷六太之一。周時屬春官,為卜官之長之官,顧今不可復考,則姑闕之。而直據辭中之象以求象中之意,使足以為訓戒而決吉凶。其亦可矣。"開此經之微言大義,而靖平息千古之紛紜,端賴唯有依賴此數言耳。

2. 梁宗俊問:"朱子嘗以《儀禮》為經,《禮記》為傳解經文字,其說創於朱子耶? 前此亦有言之者耶?"

朱子嘗以《儀禮》為經,《禮記》為傳,《周禮》為旁證。又言:"《儀禮》,禮之根本,而《禮記》乃其枝葉。《禮記》乃秦、漢上下諸儒解釋《儀禮》之書,又有他說附益其間。"⑥斯言也,蓋不刊謂不容更變之論也。《漢書·藝文志》首載《古禮經》五十六卷,《經》十七篇,此即《儀禮》也;次云《記》百三十一篇,班固⑦自注"七十子孔子弟子中最有賢才的七十二人後學者所記",此即《禮記》也;次又云《明堂陰陽》三十三篇,

---

① 指施讎,西漢沛人,字長卿,為當時今文《易》施學之開創者。
② 指孟喜,西漢東海蘭陵人,字長卿,喜以卦氣言《易》。
③ 指焦贛,西漢人。有《易林》。
④ 指京房(前77－前37),西漢東郡頓丘人,字君明。有《京氏易傳》。
⑤ 指虞翻(164－233),三國吳會稽餘姚人,字仲翔。曾為《老子》、《論語》、《周易》、《國語》作注。
⑥ 語出《朱子禮纂》。《朱子禮纂》,五卷,清李光地所撰朱熹說禮之書。
⑦ 班固(32－92),東漢扶風安陵人,字孟堅,班彪之子。修《漢書》。

自注"古明堂帝王宣明政教的地方之遺事";《王史氏》二十一篇,自注"七十子後學者",劉向①《別錄》"六國時人";又有《曲臺后倉》九篇,《中庸説》二篇,《明堂陰陽説》五篇,亦《禮記》之類也。此後乃及《周官》即《周禮》經、傳,是則班氏固以《禮記》附《儀禮》,而《周官》則别為一經也。又《河間獻王②傳》云:"獻王所得書皆古文古文,指漢代之前的先秦古文字。今文指漢代通行的隸書。漢代有今古文之爭,古文重考據,今文重經世先秦舊書,《周官》、《尚書》、《禮》、《禮記》、《孟子》、《老子》之屬。"師古③曰:"《禮》者,禮經也。《禮記》者,諸儒記禮之説也。"亦以《周官》別為一經,而以《禮記》附《儀禮》言之。朱子之論正與漢儒同。

3. 梁宗俊問:"《大戴禮》④諸篇作於何人?"

予嘗謂《禮記》諸篇多綴緝他書而成,《大戴禮》亦然。觀《哀公問五義》、《勸學》兩篇,采於《荀子》;《朝事》篇采

---

① 劉向(約前77 – 前6),西漢沛人,字子政。受成帝之命整理國家圖書,撰成《別錄》,為我國目錄學之祖。
② 指劉德(？– 前130),西漢宗室,景帝第三子。修學好古,山東諸儒多從之遊。
③ 指顔師古(581 – 645),唐京兆萬年人,祖籍瑯琊臨沂,名籀,以字顯,顔之推孫。博覽群書,精訓詁,有《漢書注》等。
④ 指《大戴禮記》。相傳西漢禮學家在傳授《儀禮》時,各自選輯一些有關論"禮"的文章以作輔助,是為《禮記》。經過長期流傳淘汰,到東漢時形成了八十五篇本和四十九篇本。前者為戴德所輯,稱《大戴禮記》;後者為其兄之子戴聖所輯,稱《小戴禮記》。

於《周官》;《禮察》、《保傅》兩篇采於賈生①;《公冠》篇且引漢孝昭帝②《冠辭》,可以見矣。又《儀禮・喪服傳》賈③疏:"《公羊傳》有云'者何'、'何以'、'曷為'、'孰謂'之等,今此《傳》亦云'者何'、'何以'、'曷為'、'孰謂'。師徒相習,語勢相遵,以弟子卻本前師,此《傳》得為子夏所作。"④今觀《夏小正》篇《大戴禮記》篇名,釋之之辭亦云"者何"、"何以"。而其中"先言雁而後言鄉通"向"者,何也?見雁而後數其鄉也","先言遰dì,去,往而後言鴻雁者,何也?見遰而後數之,則鴻雁也"等語,尤與《公羊・僖十六年傳》"曷為先言霣yǔn,墜落而後言石?霣石記聞,聞其填又作磌,石落聲然,視之則石,察之則五","曷為先言六而後言鷁yì,水鳥名?鷁退飛,記見也。視之則六,察之則鷁,徐慢慢而察之,則退飛"與上句合而言之,為"五石六鷁",比喻記述準確縝密等語相類。豈釋《夏小正》者亦為子夏之徒,而其辭特為《大戴》所采與?

4. 林鳳廣問:"朱子以《大學》《禮記》篇名,後與《中庸》一起從

---

① 指賈誼(前200－前168),西漢河南洛陽人,世稱賈太傅,又稱賈長沙,又稱賈生。政論家、文學家,代表作有《過秦論》、《吊屈原賦》等。
② 指劉弗陵(前94－前74),西漢皇帝,武帝少子。年幼即位,承武帝政策。
③ 指賈公彥,唐洺州永年人。高宗永徽中,官至太學博士,有《周禮義疏》、《儀禮義疏》。
④ 《儀禮・喪服傳》中的傳文據說為子夏所作,《公羊傳》的作者公羊高亦受學於子夏。故姚永樸以"語勢相遵"為據,認為《大戴禮記》為子夏所作。

《禮記》中抽出,與《論語》、《孟子》合為《四書》為曾子①所作,亦有確據否?"

《史記・封禪書》云漢文帝②"使博士古代學官名。汉文帝置一经博士,武帝时置"五经"博士,职责是教授、课试,或奉使、议政諸生刺採取六經③中作《王制》"《史記索隱》:"劉向《七錄》云,文帝所造書有本制、兵制、服制篇。"非《禮記》中的篇章《王制》,《孔子世家》云"子思④作《中庸》",《仲尼弟子列傳》云"曾子作《孝經》"。《漢書・藝文志》:"河間獻王與毛生等,共採《周官》及諸子言樂事者,以作《樂記》。"《禮記》諸篇為何人所作,可考者惟此數篇。若《大學》之為曾子作,考《朱子文集・與林擇之書》,但云:"《大學》分《經》、《傳》,亦以意言耳。《傳》中引曾子曰,知曾氏門人成之也。"然則此外別無確據可知矣。故程子但云孔氏遺書,而不指定何人所作,其說似較朱子為更得實。然鄭氏《禮》注、《孔叢子》舊題秦末孔鮒撰並云《大學》、《中庸》皆子思所作。子思,孔子之孫,亦曾子門人也。然則孔氏遺書即謂為曾氏之書,固無不可。特朱子所分《經》、《傳》,鄙意終不如從古本作一篇讀為安耳。

---

① 指曾參(前505 – 前436),春秋末魯國南武城人,字子輿。孔子弟子,相傳著《大學》,傳其學於子思,後世尊為"宗聖"。

② 漢文帝(前202 – 前157),即劉恆,西漢皇帝。輕徭薄賦,與民休息,景帝因之,史稱"文景之治"。在位二十三年。

③ 六部儒家經典,分別為《詩》、《書》、《禮》、《樂》、《易》、《春秋》。

④ 指孔伋(前483 – 前402),戰國魯國鄒邑人,字子思,孔子之孫,相傳受業於曾子,後世尊為"述聖"。

5. 林鳳廣問："近人如閻百詩①、毛西河②輩喜攻朱子《論語孟子集注》，豈《集注》果未盡善耶？"

張南軒_{張栻，南宋理學家，岳麓書院創建者}嘗稱《論語集注》精確簡嚴。陳直齋《書錄解題》亦以《論語孟子集注》為朱子生平著述第一，且斷之曰："所謂毫髮無遺憾者矣。"陸清獻公③亦云："《四書》經朱子考訂，便與大禹平成天地④相似，後來者無容置喙 huì，插嘴，議論。"是朱子著述精善，無如《四書》。而《四書》精善，又無如《論語》、《孟子》也。故朱子亦自云："某得力未若《論》、《孟》之多。《易》與《詩》中所得，如雞肋焉。"又云："某於《論》、《孟》，四十餘年理會_{理解，領會}，中間逐字等稱_{比較}，不使稍偏。"_{語出《朱子語類》}後儒或因二書考證間有誤處，遂以為譏。不知古人著書，謬誤多不能免。如何邵公⑤《公羊·宣十二年傳》注引《爾雅》誤為《禮》。鄭康成《詩·采蘩 fán，植物名，白蒿》箋引《少牢饋食禮》《儀禮》篇名誤為《禮記》；《周禮·鬯 chàng 人》注引《曲禮》

---

① 指閻若璩（1636－1704），清山西太原人，字百詩，號潛丘。清代考據學派的代表人物，有《四書釋地》等。
② 指毛奇齡（1623－1716），明末清初浙江蕭山人，字大可，人稱西河先生。治經史及音韻學，博聞強識，著述極富。
③ 指陸隴其（1630－1693），清浙江平湖人，字稼書。學術專宗朱熹，乾隆時，追諡清獻。
④ 語出《左傳·文公十八年》："舜臣堯，舉八愷使主后土，以揆百事，莫不時序，地平天成。"後以"平成"形容萬事安排妥貼。
⑤ 指何休（129－182），東漢任城樊人，字邵公。所作有《春秋公羊解詁》。

誤為《檀弓》二者均為《禮記》篇名;《射人》注引《射義》誤為《樂記》二者均為《禮記》篇名。趙邠 bīn 卿①《孟子·滕文公為世子章》章指章旨引《中庸》誤為《論語》。范武子②《穀梁·莊十八年傳》引《玉藻》誤為《王制》二者均為《禮記》篇名。孔沖遠③《書》指《尚書》疏引《坊記》《禮記》篇名鄭注"君陳周公旦子周公子",誤作《中庸》注。顏師古《漢書·宣元六王傳》注誤以《大雅·桑柔詩》④"貪人敗類謂貪婪、腐敗墮落之人"為出於《蕩》二者均為《詩經·大雅》篇名之篇。漢、唐儒者又何嘗不然,況自宋至今,傳刻輾轉刻印亦易譌舛。觀《周易·雜卦傳》"《咸》速也,《恒》久也《咸》卦感應神速,《恒》卦恒心永久",本義"《咸》速,《恒》久",錢竹汀⑤嘗見宋咸淳南宋度宗年號本作"感速,常久"。《詩集傳》朱熹作"何彼襛 nóng,茂盛貌矣"之作"穠","終然允臧確實臧善,好"之作"焉指"然"作"焉"","遠兄弟父母"之作"父母兄弟","羊牛下括通"佸"huó,會面,指牛羊聚集"之作"牛羊不能","辰夜猶晨夜,一說伺夜"之作"晨","碩大且篤厚,指人的肥胖"之作"實指"碩"作"實"","不可畏也"之

---

① 指趙岐(約108-201),東漢京兆長陵人,字邠卿。有《孟子章句》等。
② 指范寧(339-401),東晉南陽順陽人,字武子。撰有《春秋穀梁傳集解》。
③ 指孔穎達(574-648),唐冀州衡水人,字沖遠,一作仲達。曾受詔與顏師古等撰《五經正義》,注《詩》、《書》、《禮》、《易》、《春秋》。
④ 《詩經》分《風》、《雅》、《頌》三大類,共三百零五篇。《風》包括周南、召南、邶、鄘、衛、王、鄭、齊、魏、唐、秦、陳、檜、曹、豳十五國風,共一百六十篇;《雅》分《大雅》、《小雅》,共一百零五篇;《頌》有《周頌》、《魯頌》、《商頌》三部分,共四十篇。
⑤ 指錢大昕(1728-1804),清江蘇嘉定人,字曉徵,號辛楣、竹汀居士。精研經史、金石、音韻諸學,有《廿二史考異》等。

作"亦指"不"作"亦"","胡表疑問然厲暴虐矣"之作"為指"然"作"為","朔月辛卯"之作"日指"月"作"日"①,"家伯人名維乃,是宰家宰,掌管典籍之官"之作"冢","如彼泉流"之作"流泉","爰其適歸"爰,於。適、歸,都是去、往的意思。這句話的意思是說"該往哪裏去?"之作"奚指"爰"作"奚",表疑問","降予卿士"之作"于"。臧玉林②嘗見宋元本,並與今本異。《孟子·盡心篇》:"萬章戰國時人,孟子弟子曰:'一鄉皆稱原人老實謹慎的人焉'",臧在東③嘗見元本《集注》作"萬子曰",可以見矣。至若陳簡莊④《經籍跋文》書跋彙編載所見宋淳祐南宋理宗年號本《四書》,咸淳本《周易本義》朱熹撰、宋本《書集傳》蔡沈受朱熹命作,字與今本異者尤衆。如閻百詩疑《孟子》"紂之去距離武丁使殷復興之君未久也",注凡"七世"當為"九世";"抱關擊柝 tuò。關,門。柝,巡夜人敲擊的木梆",注"柝,夜行所擊木也"當為"行夜"。毛大可疑《大學》"此以沒世不忘也",注"淫泆謂聲音綿延不絕,同淫液"當為"淫液";《論語》"子問公叔文子⑤",注"公孫枝春秋秦人,秦繆公大夫"當為"公孫拔"。淳祐本皆不誤。然則善讀書者惟患考古未精,觀書未博耳。古

---

① 朔月、朔日均指舊曆每月初一。古人紀日用天干地支,六十日為一週期,辛卯指那一天為辛卯日。

② 指臧琳(1650-1713),清江蘇武進人,字玉林。生平淡於名利,專心著述,有《經義雜記》等。

③ 指臧庸(1767-1811),清江蘇武進人,初名鏞堂,字在東,臧琳玄孫。精校讎,有《拜經日記》等。

④ 指陳鱣 zhān(1753-1817),清浙江海寧人,字仲魚,號簡莊,又號河莊。精研文字訓詁,有《論語古義》等。

⑤ 指公孫拔,又作公叔發,春秋時衛國人,大夫,卒諡貞惠文子。

人何可輕議乎?

6. 林鳳賡問:"《孟子》列為經,始於何人?"

《漢書·藝文志》、《隋書·經籍志》皆列《孟子》於儒家。至韓退之①《進學解》始以孟荀並言,而斷之曰:"是二儒者,吐辭為經。"柳子厚②《報袁君陳秀才避師名書》又以《論語》、孟軻並言,而斷之曰:"皆經言。"後人以《孟子》殿位於最後十三經,又或以《論》、《孟》並稱,其端皆開於韓、柳。

7. 林鳳賡問:"《孟子》七篇皆孟子所撰耶?抑還是,表示選擇門人為之耶?"

《史記·孟子荀卿列傳》:"退而與萬章之徒,序《詩》、《書》,述仲尼之意,作《孟子》七篇。"韓退之《與張籍書》則云:"孟軻之書,非軻自著。軻既沒,其徒萬章、公孫丑孟子弟子,戰國齊人相與共同記軻所言焉耳。"二説不同。晁子止③《郡齋讀書志》嘗引齊、梁、滕、魯之君稱諡諡號,古代帝王、貴族、大臣、士大夫或其他有地位的人死後,據其生前事蹟評定的帶有褒貶意義的稱

---

① 指韓愈(768-824),唐河南河陽人,字退之,人稱韓昌黎,卒諡文,世又稱韓文公。工詩文,自成一家,有《昌黎先生集》。
② 指柳宗元(773-819),唐河東解人,字子厚,世稱柳河東。古文運動倡導者,有《柳河東集》。
③ 指晁公武,宋濟州巨野人,字子止,號昭德先生。家富藏書,為校讎異同,論述大旨,編成《郡齋讀書志》。

號,為退之之證。趙邠卿、朱子又皆從《史記》。以今觀之,《孟子》之文,光明俊偉,決非門人所能為。其所以於時君稱諡者,則因其書雖出孟子,然既沒之後,萬章、公孫丑輩未必不編輯而增益之。觀七篇中所載,門人問答、公都子五章,陳臻四章,高子、樂正子各三章,充虞、徐辟、屋廬子各二章,陳代、彭更、咸丘蒙、桃應各一章,惟公孫丑十四章,萬章十五章_{以上人名均為孟子弟子}。而《盡心篇》且以"丑之問曾子不食羊棗_{果名}"章之"問孔子思狂狷_{放縱不尊禮法之人}"終焉,亦可以想見矣。

8. 李維詢問:"近人爭以《古文尚書》①為偽,其說果開於朱子否?"

朱子疑《今文》多艱澀,而《古文》反平易,未嘗必欲廢絀之也。至元之吳草廬②,明之梅鷟 zhuó③、歸震川④,我朝

---

① 漢景帝時在孔子古宅牆壁中發現了古代科斗文所寫的《尚書》,稱作《古文尚書》。此次孔壁發現,另有《論語》等多部古書,合稱為古文經。而當時儒生口耳相傳之經到漢代時用隸書著於竹帛,稱為今文經。這兩個經學派別在西漢末年形成,互相對立、爭執,此起彼伏,影響了之後的諸多學術領域,在中國歷史上佔有重要地位。
② 指吳澄(1249－1333),元撫州崇仁人,字幼清,進士不第,還居草廬,人稱草廬居士。有《易纂言》、《禮記纂言》等。
③ 梅鷟,明寧國府旌德人,字致齋。疑《古文尚書》為偽,有《尚書考異》等。
④ 指歸有光(1506－1571),明蘇州府昆山人,字熙甫,號震川。工詩文,有《震川集》等。

之閻百詩、惠定宇①,乃紛紛然詆之不遺餘力。而李安溪②、方望溪③、朱可亭④則又篤信之。兩說相持,皆自以為本於朱子,而未有折衷。鄙意惟王白田⑤嘗云:

> 東晉所上之《書》疑為王肅、束晢 zhé⑥、皇甫謐⑦輩所假作。其時未經永嘉之亂⑧,古書多在。采摭綴緝,無一字無所本。特其文氣緩弱,又辭意不相連屬,時事不相對值,有以識其非真。而古聖賢之格言大訓,往往在焉,有斷斷不可以廢者。語出《白田雜著》

至於姚方興之二十八字⑨,直當黜之無疑耳。白田生

---

① 指惠棟(1697-1758),清江蘇吳縣人,字定宇,號松崖,人稱小紅豆先生。奠定吳派經學基礎,有《九經古義》等。
② 指李光地(1642-1718),清福建安溪人,字晉卿,號厚庵,諡文貞。文淵閣大學士,號為名臣,有《榕村語錄》等。
③ 指方苞(1668-1749),清安徽桐城人,字鳳九,一字靈皋,晚號望溪。為桐城派古文初祖,號為一代正宗,有《望溪文集》等。
④ 指朱軾(1665-1736),清江西高安人,字若瞻,號可亭。有《歷代名臣傳》等。
⑤ 指王懋竑(1668-1741),清江蘇寶應人,字子中,號白田。校訂《朱子年譜》,考訂《朱子文集》等。
⑥ 束晳(約261-約300),一作"束哲",西晉陽平元城人,字廣微。整理魏襄王墓竹書,有《竹書紀年》、《穆天子傳》等。
⑦ 皇甫謐(215-282),西晉安定朝那人,字士安,自號玄晏先生。著有《帝王世紀》等。
⑧ 西晉永嘉時,匈奴貴族劉淵、劉聰殲晉軍,破洛陽,俘懷帝,燒殺搶掠,殺王公士民三萬餘人,史稱"永嘉之亂"。
⑨ 南齊吳興人姚方興於大航頭發現孔安國所注的《尚書》中的《舜典》,獻與朝廷。其所獻之書,比舊本經文多出二十八字,後人多疑其真偽。

平於朱子之書,討論最深,此説或得考亭朱熹之意,學者即以是言為定論焉可也。

9. 李維詢問:"馬融①、王肅以箕子②為紂③之諸父天子對同姓諸侯的尊稱**,服虔④、杜預⑤則以為庶**妾所生的子女**兄。二説孰是?"**

謂馬、王以箕子為紂諸父者,《史記索隱》唐司馬貞注《史記》之作也。若《尚書疏》孔穎達注疏《尚書》之作則謂鄭康成、王肅以箕子為紂諸父,服虔、杜預則以為庶兄。合而觀之,是謂為諸父者,凡三家;謂為庶兄者,特兩家。馬、鄭之時又較服、杜為早,而其説且同於《呂氏春秋》呂不韋撰,雜家著作,則謂為諸父自較庶兄稍確。然《史記》已不敢致詳於箕子、比干⑥,皆止云紂之親戚。《書》疏雖引諸家説,亦云既無正文,各以意説之。然則此等處終以闕疑為是。

---

① 馬融(79–166),東漢扶風茂陵人,字季長。為世通儒,注《孝經》、《論語》等。

② 箕子,商代人,名胥餘,紂之諸父,一説紂之庶兄。紂暴虐,箕子諫而不聽,被紂所囚,後周武王滅商,釋放箕子。

③ 紂,或作受、帝辛,世稱紂王。商末君主,好酒淫樂,暴斂重刑。後周武王伐紂,紂兵敗自焚。

④ 服虔,東漢河南滎陽人,字子慎。以經學著,作《春秋左氏傳解》等。

⑤ 杜預(222–284),西晉京兆杜陵人,字元凱。博學多通,著有《春秋左氏傳集解》等。

⑥ 比干,商代人,紂之叔父,一説為紂庶兄。直言納諫,被剖心死。

10. 李學潮問："北宋以前，讀《詩》未有不宗《小序》《毛詩》中各篇之首用於解題的簡短序言者。自南宋以後，乃有不可盡信之說。鄭夾漈jì① 倡之於前，朱晦庵朱熹和之於後。今欲讀《詩》，宜何所從？"

朱子不信毛《序》，非不信也，以為當兼采三家遺說，不可專信毛《序》也。王厚齋②惟知其意，故嘆為"閎意眇miǎo旨宏大微妙的旨意，卓然卓越貌千載之上"。語出南宋王應麟《詩考》而本之為《三家詩考》。然葉少蘊③則云：

《毛詩》最後出而獨傳者，以其說長於三家。觀釋《鴟鴞chī xiāo,貓頭鷹》，與《金縢téng》《尚書》篇名合；釋《北山》、《烝民》，與《孟子》合；釋《昊hào 天有成命》，與《國語》合；釋《碩人》、《清人》、《黃鳥》、《皇矣》，與《左傳》合。而序《由庚》等六章，與《儀禮》合。則知其書精矣。

馬貴與④亦云：

---

① 指鄭樵(1104-1162)，宋興化軍莆田人，字漁仲，自號西溪逸民，人稱夾漈先生。博學強記，著《通志》等。
② 指王應麟(1223-1296)，宋慶元鄞縣人，字伯厚，號深寧居士，一號厚齋。專事著作二十年，有《玉海》等。
③ 指葉夢得(1077-1148)，宋蘇州吳縣人，字少蘊，號石林。平生嗜學博洽，尤工於詞，有《石林燕語》等。
④ 指馬端臨(約1254-1323)，宋饒州樂平人，字貴與，號竹洲。積二十餘年，著成史學巨著《文獻通考》。

譬之聽訟聽理訴訟。《詩》者，其事也。《齊》、《魯》、《韓》、《毛》，則證驗之人也。《毛詩》本書具在，流傳甚久，譬如親身到官，供指詳明，具有本末始末，原委者也。《齊》、《魯》、《韓》三家，本書已亡，於它書中間見一二，而真偽未可知。譬如其人元不到官，又已身亡，無可追對，徒得之風聞道聽，以為其說如此者也。今捨《毛詩》，而求證於《齊》、《魯》、《韓》，猶聽訟者以親身到官，所供之案牘為不可信，乃採之於旁人傳說，而欲以斷其事也，豈不誤哉！

此二說，學《詩》者似不可不知。

《集傳》朱熹所著《詩集傳》之必不可從者，惟謂《鄭風》皆淫奔男女私相奔就之詩耳。若他篇，往往有異於毛、鄭，而得《序》本旨，轉勝毛、鄭者，亦不可不知也。至於論《葛覃》與以下四篇均為《詩經》篇名而云："后妃已貴而能勤，已富而能儉，已長而敬不弛於師傅，已嫁而孝不衰於父母。"論《干旄 máo》而云："衛以淫亂無禮，不樂善道而亡。今破滅之餘，人心危懼，懲創懲戒，警戒往事，而興起善端。蓋所謂生於憂患，死於安樂者。"論《揚之水》而云："平王①知有母，不知有父。知立己為有德，不知弑父為可怨。忘親逆理，得罪於

---

① 指周平王（？－前720），春秋時周國君，姬姓，名宜臼，一作宜咎，周幽王太子，母申后。被廢後出奔申。外祖申侯聯合繒、犬戎殺幽王，西周滅亡。宜臼稱王，建東周。

天。"論《無衣》而云:"岐地名,陝西境內、豐周國都之地,文王興二南周公、召公管轄的地區之化。秦人用之,而俗一變。為國者,導民之路,不可不慎其所之。"論《東山》而云:"凡民之心所願而不敢言者,上之人乃先其未發,歌詠而勞苦之。此所以情志交孚互相信任,維持鞏固數十百年,而無一旦土崩國家崩潰破敗之患。"凡此之類,尤覺議論精深,獨見其大。近世毛奇齡、朱鶴齡①、陳啓源②輩吹毛求疵、極辭醜詆,適成其為無忌憚之人而已矣。

11. 李學潮問:"《關雎》《詩經》首篇序云:'國史國之史官明乎得失之跡,傷憂思人倫之廢,哀刑政之苛,吟詠性情思想感情,以風諷諫其上,達於事變事物的變化而懷其舊俗者也。'夫哀傷而詠性情者,詩人也,非史官也。而《序》乃屬之國史,何耶?"

此數語蓋承上文變風變雅③言之。謂國史採詩而選取以付樂官。彼固明乎得失之跡,而知為變風變雅者,皆有所哀傷而"吟詠性情,以風其上,達於事變而懷其舊俗者也"。得失之跡,詩人之時事適合天時之事也。"傷人倫之廢"

---

① 朱鶴齡(1606－1683),明末清初江南吳江人,字長孺,號愚庵。學問長於説經,有《詩經通義》等。
② 陳啓源,清江南吳江人,字長發。康熙時諸生,有《毛詩稽古編》等。
③ 《毛詩大序》言:"至於王道衰,儀禮廢,政教失,國異政,家殊俗,而變風變雅作矣。""變風"、"變雅"指《風》、《雅》中周政衰亂時期的作品,與"正風"、"正雅"相對。"變風"包括《國風》中邶至豳等十三國的作品;"變雅"包括《大雅》、《小雅》的部分內容。

以下數語,詩人之懷抱心意也。國史蓋皆明之。此《序》一"明"字貫下二者。"傷人倫之廢"以下,既蒙承接上文"明"字,自不必更舉,非謂國史吟詠性情也。

12. 李逢先問讀《春秋》之法。

學《春秋》者有二派。漢、魏儒者皆恪守三傳①。然習《公羊》者不可通於《穀梁》,習《穀梁》者不可通於《左氏》,此一派也。當時惟劉子駿②《移讓太常博士》一書稍有會而為一之意。至范武子序《穀梁》遂云:

> 凡傳以通經為主,經以必當適當,謂合乎道為理。夫至當最恰當無二,而三傳殊說,庸豈難道得不棄其所滯拘泥,擇善而從乎?既不俱當,則固容允許俱失。若至言高明的言論幽微弱絕斷絕,擇善靡無,沒有從,庸得不並舍以求宗,據理以通經乎?

其所言誠足洗前此講師講道傳經的儒師之陋。由是而唐

---

① 指注釋《春秋》的三家,分別為《左傳》、《公羊傳》、《穀梁傳》三傳。《左傳》以敘事為主,《公羊》、《穀梁》以解經為主。

② 指劉歆(?-23),西漢末沛人,字子駿,後改名秀,字穎叔,劉向子。所撰《七略》,為我國第一部圖書分類目錄。

之啖助①、趙匡②、陸淳③輩因剖擊剖析抨擊三傳,不遺餘力。而韓昌黎《送盧仝tóng詩》且有"《春秋》三傳束高閣,獨抱遺經古代流傳下來的經書究終始"之語。迨dài等到宋之劉原父④、元之趙東山⑤大率服膺忠心信奉於"並舍求宗,據理通經"二語。此又一派也。今平心論之,漢儒抱殘守缺,不為無功。然黨同伐異與自己觀點相同的就祖護,不同的就攻擊,弊亦不細微小,護之愈力,斯攻者愈多。當西漢之時,董子⑥雖習《公羊》家言,然撰《繁露》《春秋繁露》,本儒家,雜湊陰陽五行已有"《春秋》,甚幽而明形容既隱晦又明確,無傳而著沒有解說卻很清楚"之說,是則范氏之所論,啖、趙、陸之所攻,其機緣由固兆起始於盛漢之初,而不起於唐宋以後矣。但三傳中,如《左氏》以敘事為主,使無此書,則二百四十二年之事,且茫然不知。尚何由窺聖人筆削特指《春秋》之精意?即《公》、《穀》兩家,其支離繁瑣雜亂附會把無關的事物硬拉在一起之語,固失孔

---

① 啖助(724-770),唐趙州人,後徙關中,字叔佐。博通經術,善《春秋》,考三家長短,補缺漏,撰成《春秋集傳》。

② 趙匡,唐河東人,字伯循,啖助弟子,為啖助《春秋集注總例》編《纂例》。

③ 指陸質(?-806),唐吳郡人,字伯沖,初名淳。精通《春秋》,師事趙匡,有《春秋辨疑》等。

④ 指劉敞(1019-1068),宋臨江軍新喻人,字原父,號公是。學問博洽,長於《春秋》之學,不拘傳注,開宋人評議漢儒先聲,有《春秋權衡》等。

⑤ 指趙汸(1319-1369),元明間徽州府休寧人,字子常,人稱東山先生。有《春秋集傳》等。

⑥ 指董仲舒(前179-前104),西漢信都廣川人。主張罷黜百家,獨尊儒術,為漢武帝採納,開此後兩千餘年以儒學為正統學術之先聲,有《春秋繁露》等。

氏孔子之真。然時去周終近,其中微言大義,確有所受者,要亦不少。吾輩欲通此經,自宜先就三傳,擇善而從之。如皆不可通,然後參以後儒之説,合二派而一之,不分門戶,斯為至善。

13. 李逢先問:"近儒頗有為《左傳》補注者,其書得失何如?"

《左傳》自唐以後,大率以杜征南_{杜預,曾為征南將軍}為宗。近人如顧亭林①、惠定宇、馬器之②、李次白③輩乃喜遠搜賈、服之注以規_{規範,規正}杜失,此亦發於好奇_{追求新奇}愛博之心。其書雖不盡可從,苟欲研求此經,自當逐部抉擇一過。但鄙意處今日時勢,訓詁固不可廢。然所尤急者,則在考當日山川疆域,以知各國形勢,而求用兵修好之所以然,庶幾_{或許}有裨_{補益}實用。又其中所載名言,如云"舉趾高,心不固矣_{腳擡得高,證明心不定}","匹夫無罪,懷璧其罪_{因為有玉就有了罪過}","謀及婦人,宜_{應當}其死也","哀樂失時_{不合時宜},殃咎_{災禍}必至","服之不衷_{合適},身之災也","國將亡,本必先顛,而後枝葉從之"_{樹木倒下時,其幹必將先倒下,而後枝葉隨著倒下},

---

① 指顧炎武(1613-1682),明末清初江南崑山人,本名繼坤,改名絳,字忠清。南明敗後,改炎武,字寧人,號亭林,自署蔣山傭。極博學,著述繁多,有《日知錄》等。

② 指馬宗槤(?-1802),名或作宗璉。清安徽桐城人,字器之,一字魯陳。精訓詁及地理之學,有《左傳補注》等。

③ 指李貽德(1783-1832),清浙江嘉興人,字天彝,號次白。有《春秋左氏解賈服注輯述》等。

形容國家滅亡,"民生在勤,勤則不匱缺乏","生於亂世,貴而能貧,民無求焉,可以後亡",與夫內史過周大夫、劉康公周定王同母弟、辛有平王大夫、臧僖伯、哀伯、文仲、孟獻子、叔孫穆子、申繻 xū、曹劌、史克、閔子馬、子家羈以上十人皆魯大夫、石碏、甯俞、蘧 qú 伯玉、北宮文子以上四人皆衛大夫、子罕、向戌以上二人為宋大夫、管仲、晏嬰以上二人齊大夫、子產、子太叔以上二人鄭大夫、狐偃、趙衰、卜偃、胥臣、士會、魏絳、叔向、女齊、師曠、申叔時以上十人晉大夫、季札吳大夫之議論,皆可以見先王之遺教,而為修己治人之方,此亦不可不細繹解析者也。

14. 李學淵問:"《中說·天地篇》隋王通著云:'九師①興而《易》道微,三傳作而《春秋》散。'又云:'《齊》、《魯》、《韓》、《毛》、《鄭》,《詩》之末也②;《大戴》、《小戴》,《禮》之衰也。《書》殘於古今,《詩》失於齊魯。'其說當否?"

仲淹隋儒王通之字此種議論,雖足洗兩漢經師專己守殘之積習,然亦不可謂非過言也。何則?《易》之有九師,《春秋》之有三傳,《詩》之有《齊》、《魯》、《韓》、《毛》,《禮》之有大、小《戴》,《書》之有今文、古文家。彼其人固皆以明經自任,非畔背離經者也。今以傳與經較,則經尊矣。以今人說經之文,與古人之傳注較,則古人之時,距聖賢既近,其

---

① 《漢書·藝文志》載:"淮南王安聘明《易》者九人,號九師說。"故稱《易經》學者為九師。

② 漢初傳授《詩經》的學派共有四家:齊之轅固生,魯之申培,燕之韓嬰,趙之毛亨、毛萇,即齊魯韓毛四家。前三家逐漸衰落,後失傳。

為說也大抵有所受繼承,又非後儒憑臆推測以斷者所可比矣。今不為墨守之學,取衆古人之說,平心觀之,去短集長,而闕其不可通者,可也。若舉傳注,盡擺落撇開之,反謂聖人之意。由此而見,是名為棄傳從經,實則師心自用自以為是耳。善乎!陳東塾①之言曰:"後儒去傳解經,彼其所著之書,亦傳之類也,非經也。使古人之傳可去,何不並去其所著之書乎?"斯可謂破的發言正中要害之論矣。

15. 甘尚仁問:"《說文》指《說文解字》未載之字,皆可謂之俗字指俗體字,舊時指通俗流行而字形不合規範的漢字,別於正體字而言否?"

昔王西莊②嘗言:"'愈'字不見《說文》,乃俗字。而韓文公指韓愈以為名者,蓋君子已孤幼年喪父或喪母不更名也。"迂哉,此言乎!夫《說文》集小學語言文字之學之大成,此亦論其大略耳。然經典中字不見於《說文》者甚衆,豈一一皆俗字?而《說文》九千三百五十三文,遂足包古人之字而略無所遺乎?近人黎蒓pò齋③《續古文詞類篹》,以"篹"字不見

---

① 指陳澧(1810–1882),清廣東番禺人,字蘭甫。會通漢宋,所著各書,以《東塾讀書記》為一生讀書心得之總會,故人稱東塾先生。
② 指王鳴盛(1722–1798),清江蘇嘉定人,字鳳喈,號西莊,又號禮堂、西沚。工詩文,精史學,亦通經學,有《十七史商榷》等。
③ 指黎庶昌(1837–1891),清貴州遵義人,字蒓齋。在日搜集宋元舊籍,刻成《古逸叢書》,又有《續古文辭類篹》等。

《說文》,遂以"篹"字代之。不知吾家惜抱先生①乃本之《前漢書》即《漢書》也。《藝文志》云:"故《書》之所起遠矣,至孔子篹焉。"孟康②曰:"篹,音撰。"又"門人相與輯而論篹,故謂之《論語》。"師古曰:"篹與撰同。"《敍傳》:"孔子篹其業,篹《書》刪《詩》。"師古曰:"篹與撰同。"皆其證。揚子雲③作《訓纂篇》,順續《蒼頡》二者皆漢代兒童識字用書,又易《蒼頡》中重復之字,凡八十九章。孟堅復續指班固作《續訓纂篇》作十三章,其於小學,用力至深。故《後漢書·盧植④傳》載植上書云:"古文科斗科斗文字,近於為實。而厭抑壓制流俗社會上流行的風俗習慣,降在小學。中興以來,通儒達士班固、賈逵⑤、鄭興⑥父子,並敦勸勉説之。"而許氏⑦自序亦云:"博采通人學識淵博通達的人,至於小大猶云一切、所有,信而有證。"孟堅説正在博采之中,是許亦以班為通人也,豈出於班氏者不可信,必出於許氏者乃可信乎?此其識之迂,正

① 指姚鼐(1731-1815),清安徽桐城人,字姬傳,一字夢穀。選《古文辭類纂》以明義法,又有《惜抱軒全集》等。
② 孟康,三國魏安平人,字公休。有善政,嘗注《漢書》。
③ 指揚雄(前53-18),西漢蜀郡成都人,字子雲。博覽群書,善於辭賦,有《方言》等。
④ 盧植(約159-192),東漢涿郡涿人,字子幹。少師事馬融,補續《漢記》,又有《尚書章句》等。
⑤ 賈逵(30-101),東漢扶風平陵人,字景伯。有《春秋左氏傳解詁》等。
⑥ 鄭興,東漢河南開封人,字少贛。好古學,尤明《左氏》、《周官》,長於曆數,與賈逵並稱"鄭賈之學"。
⑦ 指許慎(約58-約174),東漢汝南召陵人,字叔重。博通經籍,作《説文解字》,集古文經學訓詁之大成。

與西莊同。若夫段若膺 yīng① 則不然,其言曰:"不可以《說文》盡天下之字,不可以今本《說文》盡《說文》之字。"若膺精研許氏之學,而言如此,其斯爲通儒也歟?

---

① 指段玉裁(1735－1815),清江蘇金壇人,字若膺,一字懋堂。積數十年精力,專治《說文》,有《說文解字注》等。

起鳳書院答問卷二

1. 李逄先問:"班孟堅譏太史公①**先黃老**黃帝和老子**,道家始祖後六經,未知然否?"**

子長之取黃老,《郡齋讀書志》嘗論之,其言曰:

當武帝之世,表章儒術,罷黜百家,宜乎大治政治修明,局勢安定。而窮奢極侈,海內彫diāo敝衰敗,反不若文景②尚黃老時,人主君主恭儉恭謹節儉,天下饒給豐足,富裕。此其所以先黃老而後六經也。

斯真子長知己乎? 予嘗因是考子長之書,其於孝文汉

---

① 指司馬遷(前145或前135-?),西漢左馮翊夏陽人,字子長,司馬談之子。繼父任為太史令,所著《史記》,上起黃帝,下迄漢武帝太初年間,為我國第一部紀傳體通史,對後世史學、文學均有深遠影響。

② 指西漢文帝與景帝。文帝前180-前157年在位,景帝前157-前141年在位。兩帝相繼,社會比較安定富裕,史稱"文景之治"。

文帝,既以為有德君子,於武帝諸臣,又獨以汲、鄭①為賢。汲之《傳》曰"黯學黃老之言",鄭之《傳》曰"莊好黃老之言"。《自序》《史記》最後一卷《太史公自序》載其父談所論六家指先秦至漢初學術思想的主要派別:陰陽家、儒家、墨家、名家、法家、道德家要旨,且直以儒者為"博而寡要學識豐富,但不得要領,勞而少功多勞而收效甚微"而歸嚮。惟在老氏指老子、樂毅②《傳》與此段中以下各《傳》皆為《史記》中的篇章贊述贊美稱道老子傳授,次第又極詳,蓋其心實有感於武帝之多欲,公孫宏③之曲學阿世歪曲學術,以投世俗之所好,故以為與其為儒而偽,猶不如為黃老而真,凡以見感時感慨時事變化之意而已。《酷吏傳》首引孔子"道引導之以政,齊整頓之以刑,民免而無恥可以免罪卻無羞恥之心。道之以德,齊之以禮,有恥且格人心歸服"與老子所言"法令滋章繁多,盜賊多有"。以見艾 yì 安民生安定,宇內承平百姓,惟在破觚為圜毀方為圓,比喻去嚴刑從簡政,斲 zhuó 雕為樸去雕飾,崇尚質樸,而無取於網法度之密。《貨殖傳》為一書之終,首引老子所言"至治安定昌盛、教化大行的時局之極,鄰國相望,雞犬之聲相聞,民各甘其食,美其服,安其俗,樂其業,至老死不相往來",而嘆晚近世塗堵塞民耳目,其意尤分明可見。文帝

---

① 司馬遷《史記》有《汲鄭列傳》。汲指汲黯(?-前112),西漢濮陽人,字長孺。為人性倨少禮,好直諫廷諍,被武帝稱為"社稷之臣"。鄭指鄭當時,西漢淮陽陳人,字莊。為人廉潔,喜薦士,為時人稱道。

② 樂毅,戰國時中山國靈壽人,魏將樂羊俊裔。自魏入燕,任為亞卿,以功封昌國君,後出奔趙國,封於觀津,死於趙國。

③ 指公孫弘(前200-前121),弘又作宏,西漢菑川薛人,字季,一字次卿。自奉節儉,性外寬內忌,年八十終丞相位。

寬仁,而賈生_{賈誼}明申商①;武帝雄才大略,而子長取黃老。賢者救世之論,往往如此。善讀書者,宜會此意也。

2. 李逢先問:"孔安國②以伏羲、神農、黃帝為三皇_{上古三帝王,具體為哪三位說法不一};少昊、顓頊 zhuān xū、高辛、堯、舜為五帝_{上古傳說中的五位帝王,具體為哪五位說法不一}。雙湖胡氏③謂其皆無所本,乃據秦博士,以天皇、地皇、人皇為三皇;據《易大傳》_{《易經》中傳的部分},以伏羲、神農、黃帝、堯、舜為五帝,可為定說否?"

《易大傳》於包犧_{伏羲}、神農第_只,僅稱氏而已,惟黃帝有帝號。胡氏據以定五帝,究嫌附會。考之於經,明言五帝者,惟兩見。一則載於《周禮》,而《月令》_{《周禮》篇名}配之以太暤 hào、炎帝、黃帝、少暤、顓頊者也。此祀之為五行之帝,自為一義,不得為五帝之定名。其一則載於《大戴禮》,為黃帝、顓頊、高辛、堯、舜,太史公據以作《本紀》者也,必欲求定說,惟此為得之。至於三皇以為天皇、地皇、人皇,既荒渺難信。《史記索隱》補作《三皇本紀》,而以庖犧、女媧、

---

① 申商,為戰國時申不害與商鞅的並稱。申不害(約前385-前337),戰國時鄭國京人。事韓昭侯,主張加強君主專制,著有《申子》,已佚。商鞅(約前390-前338),即公孫商,亦稱衛商,戰國時衛國人。在秦以戰功封於商,亦稱商鞅、商君,好刑名之學,有《商君書》。二人均為法家重要人物。

② 孔安國,西漢魯人,字子國,孔子後裔。相傳得孔子舊宅壁中古文《尚書》,作《尚書孔氏傳》,為"尚書古文學"開創者,明清學者疑為偽托。

③ 指胡一桂(1247-?),宋元間徽州婺源人,字庭芳,號雙湖。好讀書,受父《易》學,有《周易本義附錄纂疏》。

神農當之,亦未足憑。大抵《史記》止託始起始五帝,則是五帝以前實不可考,似以闕疑為是。

3. 李逢先問:"堯母慶都帝嚳(kù)之第三妃感赤龍之祥生堯。此說恐不足信。"

曩nǎng,以前,從前讀《史記·三代世表》末載褚先生①之言曰:"《詩》言契xiè,帝嚳之子,商的祖先生於卵,后稷人跡②者,欲見其有天命精誠真誠之意耳。鬼神不能自成,須人而生,奈何無父而生乎!"竊嘆斯言最為平實。凡史傳、雜說所載帝王初生諸神異事,以此斷之,足矣。《左傳》"燕姞jí③夢天使與己蘭香草","既而文公④見之,與之蘭而御交合之。辭曰:'妾不才,幸而有子,將不信,敢徵蘭乎?'公曰:'諾表同意。'遂生穆公。"⑤《史記·外戚世家》:"高祖⑥召幸薄姬⑦,姬曰:'昨暮夜妾夢蒼龍據吾腹。'高祖曰:'此貴徵也,吾為

---

① 指褚少孫,西漢潁川人,寓居沛。元帝、成帝間為博士,學《魯詩》,曾補司馬遷《史記》。

② 后稷,相傳遠古時人,名棄,為周氏始祖。傳說其母踏巨人足跡懷孕生后稷。

③ 燕姞,春秋時南燕人,鄭文公賤妾,生子,名曰蘭,即鄭穆公。

④ 指鄭文公(?-前628),春秋時鄭國國君,名捷,在位四十五年。

⑤ 指鄭穆公(前649-前606),春秋時鄭國國君,名蘭,文公子。在位二十二年。

⑥ 指漢高祖劉邦(前256或前247—前195),沛人,字季,又稱太祖高皇帝或漢高帝。西漢建立者。

⑦ 指薄太后(?-前155),西漢會稽吳人,文帝母。秦末為魏王豹宮人,豹為劉邦所殺,後劉邦納之。

女遂成之。'一幸生男,是為孝文帝。"堯、契、后稷之生,其先皆有異兆,恐亦不過如此,未必與神物交感也。

4. 劉其昌問:"《史記》言唐虞三代先世同出黃帝。可信否?"

《史記》於唐虞三代之先,既謂同出於黃帝,而其世數之多寡先後,頗覺參差不合。歐陽永叔①嘗辨之,其說博而篤切實矣。今考《五帝本紀贊》,明有"顧第弗深考只是沒有深入考論"五字,是則所列世系,不過疑以傳疑。子長之心,未嘗以為必然也。且綜觀《史記》,甚多疑而不定之辭。如《周本紀》云:

> 蓋西伯②即位五十年。其囚羑 yǒu 里殷監獄名,蓋益增加,增益《易》之八卦為六十四卦。詩人《詩經》的作者道西伯,蓋受命之年③稱王而斷虞芮之訟④。後七年而崩帝王之死稱崩,謚為文王。改法度,制正朔帝王新頒的曆法

---

① 指歐陽修(1007－1072),宋吉州廬陵人,字永叔,號醉翁、六一居士。唐宋八大家之一,修《新唐書》,又有《歐陽文忠公集》等。
② 指周文王,商代人,姬姓,名昌,商紂時為西伯。一生招賢納士,在位五十年。
③ 指受天命之年,古帝王自稱受命於天以鞏固統治。文王即位四十二年,更為受命之元年,始稱王。
④ 虞、芮為周初二國名。相傳兩國有人因爭地興訟,到周求西伯姬昌評斷。

矣。追尊古公①為太王，公季②為王季。蓋王瑞_{帝王的聖}瑞自太王興。

《正義》_{唐人張守節所撰《史記正義》}："太史公言'蓋'者，乃疑辭也。自'西伯即位五十年'以下，至'太王興'，為經傳不同，不可全棄，乃略而書之。事必可疑，故數言'蓋'也。"據此，則書中凡言"蓋"者，可類推矣。又《吳世家》云："大凡從泰伯③至壽夢④十九世。"曰"大凡"者，亦依約言之，猶言"蓋"也。《燕世家》云："自召公⑤已下九世至惠侯_{燕惠侯，有諡無名}。"《晉世家》云："靖侯⑥已來，年紀可推。自唐叔⑦至靖侯五世，無其年數。"略舉之而不詳，亦闕所不知之意也。《殷本紀》敘伊尹⑧見湯⑨，《太公世家》_{指《齊太公世家》}敘

---

① 指古公亶父，即周太王，商代人，周族領袖，相傳為后稷十三代孫，周文王祖父。

② 指季歷，即王季，商末人，周太王幼子，周文王父。繼周君位，臣屬于殷，後爲太丁所殺。

③ 泰伯，亦作太伯，商代人，姬姓。周太王長子，與弟避至江南，自號句吳，建立吳國。一説建國于虞。

④ 壽夢(？－前561)，春秋時吳國國君。即位後，吳始强大，稱王。在位二十五年。

⑤ 召公，或作邵公、召康公，西周初人，姬姓，名奭 shì。佐武王滅紂，以功封于北燕，為燕國始祖。諡康。

⑥ 指姬宜臼(？－前841)，西周時人。晉唐叔虞第五代孫，是為晉靖侯。與周平王同姓名。自其始，晉有具體紀年。

⑦ 指唐叔虞，字子於，西周王族，晉國國君。武王子，建國於翼，國號唐。

⑧ 伊尹，商代人，名伊，名摯。商時大臣，尹為官名。佐商滅夏，綜理國事。

⑨ 湯，亦稱天乙、大乙、成湯，名履，商王朝開國之君，建都於亳，在位三十年。

太公①見文王，《老子韓非列傳》敍老子，《孟子荀卿列傳》敍墨子②，皆存數説。其他或一篇之中，前後互異，或兩篇所載，彼此不同，亦以疑而不能定也。大抵子長好奇，楊一作"揚"子雲謂其"多愛不忍指司馬遷撰寫《史記》，愛搜羅奇聞逸事，不忍心棄之不用"，是誠有之。亦緣其所搜考者博，故信以傳信，疑以傳疑，而不肯臆斷。觀《自序》云"百年之間，天下遺文古事，靡不畢集太史公"，又云"罔羅網羅天下放失散失舊聞"，可以見矣。孟子曰："盡信書，則不如無書。"大抵東周以降，迄於秦漢諸子，所紀傳聞異辭，事之真偽各居其半，不獨子長為然。後儒不察，非膠柱比喻固執、拘泥於其説，即漫胡亂詆為疏略柢dǐ梧抵觸，恐皆非也。

5. 劉其昌問："《史記·十二諸侯年表》索隱云：'篇言十二，實敍十三者，賤夷狄除華夏族以外的各族，不數吳，又霸在後，故也。'其説是否？"

此説非也。子長《世家》首吳泰伯，此忽以夷狄而賤之，何與？竊謂此云十二諸侯，蓋不數魯也。《春秋》內魯外諸國，子長師法效法孔子，習《公羊》家言，故於春秋時事，亦以魯為主。其不數之者，以為不待需要數也。言十二國，則魯可知也。《六國表序》亦以七國，而言六國者，不數秦

---

① 指呂尚，或作姜尚，西周齊國國君。東海人，姜姓，呂氏，名尚，字子牙。佐文王、武王滅商，有大功。

② 墨子（約前468－前376），即墨翟，戰國初魯國人，一説宋國人，墨家創始者。有《墨子》，為墨子及其後學著作之總集。

也。秦何以不數？以其終得天下，不待數也。言六國，則秦可知也。且《十二諸侯年表序》言"孔子興於魯而次_{編次}《春秋》"，並及左丘明之傳，末復云："於是譜十二諸侯，自共和①_{訖到}、至孔子，表見《春秋》、《國語》，學者所譏盛衰，大指著于篇。"是十二諸侯事，多本之《春秋》傳也。《春秋》，魯史，故主魯而不數魯。然魯之次_{位次}，則居周下，十二國之上。《六國年表序》首言："太史公讀《秦記》_{秦國的史書}。"末復云："秦燒天下詩書，諸侯史記_{泛指史書}尤甚，為其有所刺譏也。獨有《秦記》，文略不具，然戰國之權變亦有可頗采者。"是六國事，多本之《秦記》也。《秦記》，秦史，故主秦而不數秦。然秦之次，則居周下，六國之上。

6. 林岳生問："《史記》，夏、殷、周各為一紀_{本紀}。惟秦始皇②與其先世分為兩紀。或謂因簡帙_{書卷、書頁}重大，或謂所以別嬴、呂③也。其説然否？項羽④未嘗有天下，而列之

---

① 西周從厲王失政，至宣王執政，中間十四年，號共和。共和元年，是中國歷史有確切紀年的開始。

② 秦始皇（前259－前210），即嬴政，莊襄王子。滅六國，完成統一大業，建立中國歷史上第一個中央集權國家。

③ 關於秦始皇之姓為嬴還是為呂，《史記》有記載。《史記·秦本紀》："邑之秦，使復續嬴氏祀，號曰秦嬴。"《史記·秦始皇本紀》："周曆已移，仁不代母。秦直其位，呂政殘虐。"

④ 項羽（前232－前202），即楚霸王，秦末下項人，名籍，字羽。與劉邦爭霸，兵敗，自刎死。

本紀。又不為惠帝①立紀而紀呂后②。何耶？"

孔子論狂者，曰："進取。"孟子則曰："其志嘐嘐 xiāo xiāo，志大而言誇然，曰：'古之人，古之人。'"太史公蓋狂者也，其識解甚高。三代以後之治術_{治理國家的方法}，本不足以當符合其意。加以被_{遭受}刑之後，發憤著書。其譏切_{勸諫}武帝不待言矣。即古今無大功德而驟興者，如秦始皇、漢高帝與蕭何③、曹參④、陳平⑤、張良⑥之徒，皆有不滿之辭。其始盛終衰，或被誣而死，如伍子胥⑦、信陵君⑧、項羽、淮陰侯⑨之徒，又往往代鳴其不平，凡此皆所以自抒其憤也。此其微旨，《太史公自序》與《報任安書》_{司馬遷撰}已明言之。班孟堅又比之《小雅·蒼伯》之倫，亦可謂深知其意矣。其為始皇

---

① 指漢惠帝（前210－前188），即劉盈，高祖長子，在位七年。
② 呂后（前241－前180），亦稱高后，高祖皇后。稱制九年，掌握漢政權十六年。
③ 蕭何（？－前193），西漢泗水沛人。協助高祖滅韓信等，封相國，諡文終。
④ 曹參（？－前190），西漢泗水沛人。與蕭何同隨劉邦起事，屢立戰功。卒諡懿。
⑤ 陳平（？－前178），西漢河南陽武人。家貧好學，高祖六年封曲逆侯，惠帝、呂后、文帝時歷任丞相，卒諡獻。
⑥ 張良（？－前186），西漢沛郡城父人，字子房。高帝六年封留侯，晚年好黃老，卒諡文成。
⑦ 伍子胥（？－前484），即伍員，春秋時楚國人，名員，字子胥。吳國大夫，夫差信伯嚭讒，賜劍令自盡。
⑧ 信陵君（？－前243），即魏無忌，戰國時魏國人，封於信陵，故稱信陵君。門下有食客三千，戰國四公子之一。
⑨ 指韓信（？－前196），西漢淮陰人。項羽亡，歸劉邦，經蕭何力薦，任大將軍。封王，貶為淮陰侯，後被斬。

別立紀也,蓋所以見世之不復能為三代,自斯人始。又始皇之為人,好用兵、好神仙,與武帝大略相似。譏始皇,正為武帝寫照也。其為項羽立紀也,所以見羽與前之秦,後之漢功德未必懸絕。其或興或廢,特僅僅,只有幸有不幸耳。《六國表序》於秦云:"非必險固險阻堅固便便利,形勢地勢利也,蓋若天所助焉。"《秦楚之際月表序》既歷言虞夏商周之積德積累仁政,秦之用力,其處帝位,若彼之難,而漢一旦驟得之,如此之易,而終之曰:"豈非天哉!豈非天哉!"其意已彰彰明顯可見。乃《羽紀》又著此"天亡我"一語於羽口中,而迷離其辭曰:"自矜自誇功伐功勞,奮驕矜其私智而不師古,謂霸王之業,欲以力征以武力征伐經營天下。"斯其所以不易測也。至若紀呂后不紀惠帝,其譏惠帝之不能制其母與后之專恣,更不待言。不然此篇之贊即首云:"孝惠皇帝,呂后之時。"彼豈不知當先立惠紀,後立后紀,如《漢書》之例,乃為合哉?總之,《漢書》乃國史,其體例自不得不密;《史記》本私家撰述,雖以意進退褒貶分合,夫孰得而禁之。

7. 李學潮問《史記·伯夷列傳》大意。

楊升庵①云:"此傳始言天道報應差爽失誤、差錯,以世俗共見聞者嘆之也。中言各從所好,決擇死生輕重,以君子之正論折判斷之也。"語出楊慎《鉛丹餘錄》《伯夷列傳》大意,此

---

① 指楊慎(1488 – 1559),明四川新都人,字用修,號升庵,楊廷和子。博覽群書,著述極富,有《升庵全集》。

數語已該包括之矣。蓋此傳中間"或曰"一段,是以牢騷之辭,託之他人之口,末乃以正論折之。其機杼胸臆與東方曼倩①《答客難》,楊子雲《解嘲》,班孟堅《答賓戲》,韓退之《進學解》正相似。至於"君子疾遺恨沒世死亡而名不稱聞名焉"以下,則朱子所云"乃史遷指司馬遷自道之意者",可謂得其深處。青雲之士位高名顯的人指孔子,亦即自指。意若謂孔子垂留傳六經於前,己則以《史記》續之。古之豪傑其自命不凡類如此。《自序》歷引西伯演《易》,孔子作《春秋》,與夫屈原②《離騷》,丘明③《國語》,孫子④《兵法》,不韋⑤《呂覽》,韓非⑥《說難》、《孤憤》,以明《史記》所由作,大旨正同。特彼文尤詳,此篇以居列傳首,先簡括簡要概括言之耳。《五帝紀》居全書首,贊中"非好學深思,心知其意,固難為淺見寡聞道也"三句亦是總括全書言之。

8. 李學潮問《史記》《循吏奉公盡職按原則行事的官吏》、《酷吏濫用刑罰殘害人民之官吏》、《游俠古稱輕生重義之人》、《貨殖經商

---

① 指東方朔(前154-前93),西漢平原厭次人,字曼倩。滑稽有急智,直言切諫。辭賦代表作為《答客難》、《非有先生論》等。

② 屈原(約前339-約前278),戰國時楚國人,名平,又自云名正則,字靈均,楚公族。事楚懷王,後投汨羅江而死。著有《離騷》等,開楚辭之體。

③ 指左丘明,春秋時魯國人,左氏,名丘明,一說左秋氏,名明。傳為魯國史官,撰《左氏春秋》。又傳《國語》亦為其所著。

④ 指孫武,春秋時齊國樂安人。有《孫子兵法》傳世,為百代談兵之祖。

⑤ 指呂不韋(?-前235)戰國末衛國濮陽人。助秦莊襄王嗣位,任秦相,封文信侯。曾令賓客編纂《呂氏春秋》。

⑥ 韓非(約前280-前233),即韓非子,亦稱韓子,戰國末韓國人。集先秦法家思想之大成,有《韓非子》。

之人》諸傳大意。

子長傳《遊俠》，非進推崇奸雄弄權欺世，竊取高位之人也，蓋以己遭李陵之禍①，不得援手之人，因有取於朱家②、郭解③之徒，尚能急人之厄解救急難也。其傳《貨殖》也，非羞貧賤也，蓋以見當世風俗，自上及下莫不嗜利也。於《循吏傳》，但載古之人，而無一漢人。於《酷吏傳》則皆漢之人，而無一古人。亦以見當時吏治不古若也。大抵子長於孔門，蓋兼有狂狷之長，惟狂故眼孔眼光極高，惟狷故憤世疾俗之意不免稍重。知子長之為人，如此則可以讀《史記》矣。

9. 李學潮問："《史記》為管仲④、晏嬰⑤、子產⑥立傳，何以載事皆略？"

春秋人物，莫著於管仲、晏嬰、子產，而子長為之傳，所

---

① 李陵(？－前74)，西漢隴西成紀人，字少卿，李廣孫。善騎射。被匈奴俘，傳李陵教匈奴用兵，武帝信之，族滅其家。李陵之禍指司馬遷因為李陵辯解而遭受宮刑。

② 朱家，西漢魯人，與劉邦同時，以任俠聞名，所藏匿者，得活以百數。

③ 郭解，西漢河內軹人，字翁伯。以任俠聞名，常劫掠財物，私鑄錢幣，藏匿亡命之徒。

④ 管仲(？－前645)，即管敬仲，春秋時齊國潁上人，名夷吾，字仲。初事公子糾，後事桓公。執政期間，實行改革。今本《管子》，託名管仲所作。

⑤ 晏嬰(？－前500)，即晏子，春秋時齊國人，字平仲。歷事靈公、莊公、景公三世，為卿。後人集其行事言論為《晏子春秋》。

⑥ 子產(約前580－前522)，即公孫僑，春秋時鄭國人，字子產，一字子美。鄭簡公十二年為卿，二十三年為正卿，執政。卒謚成子。

載事皆寥寥,此正可以見古人著書之法。蓋《管晏列傳》精采全在"管仲曰:'吾始當初困陷在艱難痛苦或無法擺脫的環境中時'"以下一段,及晏子二軼事,以見人生知己之難得,與薦達推薦引進幽隱隱居未仕之人之可貴,而自抒其忻 xīn 慕高興而仰慕之意云爾。故曰"其書世多有之",是以不論。若夫至於子產列於《循吏》,並非謂循吏足以盡子產也。特因漢之吏治敗壞,故取孫叔敖①以下五人行事錄之,以見春秋之時,先王政教猶有存者,不似漢之徒有酷吏也。故曰:"奉職循理依照道理,遵循規律,亦可以為治,何必威嚴嚴厲哉?"子長之意,特欲繪循吏面目。至於孫叔敖、子產生平已著於天下萬世,固不待龍門司馬遷出生地,指代其人之筆而傳。況齊、楚、鄭三《世家》載諸子事業甚悉詳盡,本傳復舉之,亦覺寡味。

10. 李學潮問:"《史通》史學著作,唐劉知幾撰謂龜策占卜工具異物,不當與黔首指老百姓。孔穎達《禮記·祭義》疏云:'黔首,謂萬民也。黔,謂黑也。凡人以黑巾覆頭,故謂之黔首。'同科同等,俱謂之傳。其說然與?"

此篇所敘,皆主於用龜之人。自三代以至漢武所用,丘子明西漢卜筮者之屬,皆用龜者也。其名曰"龜策"者,特就所為之業以名其人耳。《禮記》"易占卜之官抱龜南面",以掌《易》者為易,與此正同。

---

① 孫叔敖,即蒍(wěi)敖,蒍氏,名敖,字叔敖,一字艾獵。曾三為令伊而不喜,三罷而不憂。

11. 梁宗俊問：" 班氏著《漢書》，亦有底本否？"

《漢書》所采，自《史記》外，如《律曆》、《藝文》兩志，既自以為采諸劉向、劉歆。《地理志》末言地分風俗，亦自以為采諸劉向、朱贛①。《楊雄傳》贊又云"雄之自序云爾"，是《雄傳》即采之雄也。《藝文志》《春秋》指《楚漢春秋》後載馮商②《續太史公》七篇按《漢書·藝文志》，《續太史公》七篇載于《太史公》百三十篇後，《太史公》前載《楚漢春秋》，《趙尹韓張兩王傳》贊云"馮商傳王尊③"，是尊傳采之商，而餘所續六篇，亦必采入書中，特今不可考耳。吾家惜抱先生嘗疑商為馮奉世④之子姓，故《奉世傳》敘其先世，如《太史公自序》之體，其說似頗近理。又《隋書·劉炫⑤傳》載炫自為贊云"通儒司馬相如⑥、揚子雲、馬季卿當為馬季長，指馬融、鄭康成等，皆自敘風徽風範，傳芳留傳美名來葉後世"，《史通·雜記篇》辨諸漢史亦云"馬卿指司馬相如為《自序傳》，具見其集中。子長因錄斯篇，即為列傳"，是則《相如傳》，《史記》、《漢書》皆採之相如也。《後漢書·班彪傳》云："司馬遷著《史記》，自太初

---

① 朱贛，漢成帝時潁川人，著有《風俗》。
② 馮商，西漢馮翊陽陵人，字子高。治《易》，受詔續《太史公》七篇。
③ 王尊，西漢涿郡高陽人，字子贛。廉潔奉公，與曾任京兆尹之王章、王駿齊名，號稱三王。馮商續《史記》，為之作傳。
④ 馮奉世（？－前39），西漢上黨潞人，字子明。封關內侯。
⑤ 劉炫，隋河間景城人，字光伯，門人諡宣德先生。有《論語述議》等。
⑥ 司馬相如（前179－前117），西漢蜀郡成都人，字長卿，人稱馬卿。工辭賦，有《上林賦》、《子虛賦》等。

漢武帝劉徹年號，公元前104至公元前100年以後，闕而不錄。後好事者，頗或綴集連綴彙集時事，然多鄙俗不足以踵繼接續其書。彪乃繼採前史遺事，旁貫異聞，作後傳數十篇。"注："好事者，謂楊雄、劉歆、陽城衡蜀人，補《史記》、褚少孫、史孝山晉人之徒也。"據此，則孟堅以前綴集時事者甚多，書中必皆有所甄鑒別錄。至於《續天志》去"去"當爲"云"："孝明帝①使班固敘《漢書》，而馬續②述《天文志》。"又《曹世叔妻傳》云："兄固著《漢書》，其八表及《天文志》未及竟而卒，和帝詔昭③就東觀④藏書閣踵而成之。"又云："詔馬融兄續繼昭成之。"此則又孟堅卒後，而為之續貂者也。

12. 梁宗俊問："《班書》，張湯⑤、杜周⑥不入酷吏，或謂因後嗣之昌，而別為傳。正使為酷吏者不得張其膽。果得班氏微意否？"

太史公意主風諷諫時，又不知武帝後事，其列張湯、杜

---

① 指漢明帝，(28－75)，即劉莊，東漢皇帝。初名陽，光武帝第四子。好刑理，且崇儒術。

② 馬續，東漢扶風茂陵人，字季則。博覽群書，善《九章算術》。

③ 指班昭（約49－約120），東漢扶風安陵人，一名姬，字惠班，班固妹。博學高才。兄班固著《漢書》，八表及《天文志》未竟而卒，班昭續之。

④ 東漢洛陽南宮內觀名，章和二帝時為皇宮藏書之府，後世用以指國史修撰之所。

⑤ 張湯（？－前115），西漢京兆杜陵人。官至御史大夫，用法嚴峻、權勢甚盛，後自殺。著有《越宮律》，已佚。

⑥ 杜周（？－前95），西漢南陽杜衍人，官至御史大夫。其治大抵仿張湯，酷暴刻深。

周於《酷吏》,宜也。若孟堅生東漢初,備見兩家本末始末,湯、周行事固當詳紀,安世①、延年②亦不可略,彙而錄之,殆亦與劉向父子之合於楚元王③,周亞夫④之合於絳侯⑤,李陵之合於李廣⑥,蘇武⑦之合於蘇建⑧,韋元成⑨之合於韋賢⑩相類耳,正不必穿鑿為之說也。惟賈捐之⑪不附賈誼,在《漢書》,實為變例。豈以其出入禁門宮門招權利,忝 tiǎn,有愧於其祖,而別載之乎? 觀劉歆論學諸事,載於本傳。附

① 指張安世(?-前62),西漢京兆杜陵人,字子孺,張湯子。執掌樞機,周密謹慎。卒諡敬。
② 指杜延年(?-前52),西漢南陽杜衍人,字幼公,杜周子。居九卿十餘年。卒諡敬。
③ 指劉交(?-前179),西漢沛人,字游,高祖同父異母弟。高祖即位,封為楚王。曾為《詩傳》,稱《元王詩》。卒諡元。劉向為其四世孫。
④ 周亞夫(?-前143),西漢沛人,周勃子。文帝時拜中尉,景帝時拜丞相。受其子牽連而死。
⑤ 指周勃(?-前169),西漢泗水沛人。從劉邦起於沛,封絳侯,為人率直敦厚。卒諡武。
⑥ 李廣(?-前119),西漢隴西成紀人。猿臂善射,愛撫士卒,人稱飛將軍。
⑦ 蘇武(?-前60),西漢京兆杜陵人,字子卿,蘇建子。出使匈奴,被扣留,堅貞不屈,持漢節牧羊十九年。
⑧ 蘇建,西漢京兆杜陵人。武帝時封平陵侯。後為代郡太守,卒於官。
⑨ 即韋玄成(?-前36),西漢魯國鄒人,字少翁,韋賢少子。官至御史大夫。好作四言詩,今存《自劾》、《戒示子孫》兩首。
⑩ 韋賢,西漢魯國鄒人,字長孺。兼通《禮》、《尚書》,以《詩》教授。為相五年,卒諡節。
⑪ 賈捐之(?-43),西漢河南洛陽人,字君房,賈誼曾孫。與楊興互相薦譽,欲得高官,為石顯告發,下獄死。

莽諸事,乃列於《莽傳》。石德①嗣侯及坐法犯法獲罪國除,附見《石慶②傳》,勸戾 liè 太子③斬江充④,乃列於《武五子傳》。則其微意固可見矣。

13. 梁學著問:"司馬談⑤《論六家要旨》以儒家與五家並列,且云:'儒者博而寡要,勞而少功,是以其事難盡從。'其說當否?"

司馬談既云:"儒者博而寡要,勞而少功。"又云:"儒者以六藝為法,六藝經傳以千萬數,累世不能通其學,當年壯年不能究其禮。"此所謂儒非既識大之賢者言之。蓋亦如《漢書·藝文志》所云"務致力碎義支離破碎的解說逃難避他人攻難,便辭巧說牽強附會,破壞形體指文字形體"者耳。以此言儒,即目為儒中之蠹 dù,蛀蟲,有何不可?抑吾更有說焉。司馬遷載此篇於《自序》首,言其父"仕為官於建元、元封二者為漢武帝年號之間,愍 mǐn,同"憫",憂傷學者之不達其意而師悖,乃

---

① 石德,西漢趙人,石慶子。慶卒,武帝以德嗣牧丘侯。後坐法當死,贖免為庶人。
② 石慶(?-前103),西漢河內溫人,封牧丘侯,謹慎自守,無所匡建。謚恬。
③ 戾太子(前128-前91),即劉據,一作衛太子,漢武帝長子。為江充所誣,起兵斬充,兵敗自經死。宣帝追謚戾。
④ 江充(?-前91),西漢趙國邯鄲人,字次倩,本名齊。告太子巫蠱,被武帝滅三族。
⑤ 司馬談(?-前110),西漢夏陽人。生前擬撰寫史書,未成,囑其子司馬遷繼承其業。有《論六家要旨》。

論六家要指。"夫建元、元封之間,正武帝窮兵四夷且求神仙之日也。談之言曰:"大道最高的治世原則之要,去健羨貪欲,絀聰明。"又曰:"神精神太用則竭,形身體太勞則敝疲憊,形神騷動不安寧,欲與天地長久,非所聞也。"又曰:"神者生之本也,形者生之具也,不先定其神,而曰:'我有以治天下。'何由哉?"語語皆為武帝痛下箴砭。若曰能去健羨,絀聰明,雖不求神仙,自有喬松王子喬和赤松子,傳說中的仙人之壽。今乃形神騷動,如此如之何?而可與天地長久乎?篇中評騭zhì。評定諸家,而歸重老氏,皆有為而發。與汲黯所云"陛下內多欲而外施仁義,奈何欲效唐虞之治"者,語異而旨同。觀其斥儒家,既云"如此則主勞而臣逸",其論道家,又云"因順應者君之綱也,群臣並至,使各自明也",皆主君道言之。則微旨固可見矣。

14. 甘尚仁問:"《漢書》於《律》、《曆》,《禮》、《樂》,《食》、《貨》,《兵》、《刑》,皆合為一志。亦有所本乎?"

《大戴禮·天圓篇》:"律居陰而治陽,曆居陽而治陰以插在地上的律管測定氣候變化。曆法由天象而來,用以指導地上的農業生活。律、曆迭輪流相治也,其間不容髮極小之量。"《漢志》合《律》、《曆》為一,蓋本於此。若夫合《禮》、《樂》為一,則本《周禮·春官》。蓋《大司樂》以下諸官固統於《宗伯》也。合《食》、《貨》為一,本之《地官》,蓋《司市》以下諸官固統於《司徒》也。《刑法志》合《兵》、《刑》為一,本《虞書》"舜命皋陶gāo yáo,傳說舜禹時的司法官"諸語。又《國語·魯語》

云：''大刑用甲兵，其次用斧鉞，中刑用刀鋸，其次用鑽 zuān，去髓的刑具鑿 záo，黥刑刑具，薄刑用鞭樸鞭子和棍棒。''亦以《兵》合於《刑》。故此二條，《志》皆引之。

15. 甘尚仁問：''賈誼《陳政事疏》首言：'可為長太息嘆息者六。'而後之言'長太息'者，僅三。近人因《魏志·高堂隆傳》引此疏，'六'字作'三'，遂謂'六'乃誤字。其説是否？''

近人本《魏志》，謂此疏''六''乃誤字。然《吳志·華覈傳》亦引此疏，則又作''六''，不作''三''。且此疏''長太息''字雖止三見，而實有五事，古人文法參差，豈必每事皆見''長太息''字耶？竊謂諸家之説，惟吾家惜抱先生引《食貨志》指《漢書·食貨志》《論積貯》賈誼《論積貯疏》''一段，為即此疏所闕''長太息''之一於義為優。今繹《漢書》，得三證焉。孟堅載此疏，明於其首云''其大略曰''，是此疏，實非全文。故小顏唐人顏師古亦謂史家取其切要者，一也。誼諸疏載《漢書》者，如《請封建子弟》、《諫封淮南四子》為時皆後，《諫放民私鑄》在孝文五年，為時又過早。獨《論積貯疏》有''漢之為漢，幾四十年''之語，可知其在長沙召回時，二也。政事大端主要方面，無外於教、養二者。此疏於安內攘外，厚風俗，教太子重德，化敬大臣，皆詳言之。不應獨不及養民之政，三也。

16. 甘尚仁問：''《漢書·霍光傳》：'止畫室中不入。'如淳三國魏人,曾注《漢書》曰:‘近臣君主左右親近之臣所止計畫之室也,或曰雕畫之室漢代殿前西閣雕畫帝王像,故稱也。’然否?"

司馬彪①《續漢志·百官志》少府縣尉屬有:"黃門署長、畫室署長、玉堂署長各一人,丙署長以上漢代官署名七人。皆四百石,黃綬shòu,官員繫官印的黃色絲帶。本注南朝梁劉昭以前的舊注曰:宦者,各主中宮皇后居住的處所別處。"此《傳》"畫室",疑即"畫室署"也。

17. 李維詢問:"漢儒最純純粹者,當推何人?"

《前漢書·夏侯勝②傳》云:"始勝每講授,常謂諸生曰:‘士病不明經術。經術苟明,其取青紫公卿綬帶之色,指高官顯爵如俛fǔ,同"俯"拾地芥比喻極易獲得耳。學經不明,不如歸耕。’"《後漢書·桓榮③傳》云:"榮大會諸生,陳其車馬印綬,曰:‘今日所蒙,稽古之力也,可不勉哉。’"又云:"榮初遭倉猝事變,與族人桓元卿同飢厄,而榮講誦不息,元卿嗤榮曰:‘但自苦氣力白費體力,何時復施用乎?’榮笑不應。及為太常官名,掌宗廟禮儀,元卿嘆曰:‘我農家子,豈意學之為利

---

① 司馬彪(?-約306),西晉河內溫人,字紹統。少篤學,博覽群籍。注《莊子》,所作《續漢書》,今存八志。
② 夏侯勝,西漢東平人,字長公。為今文《尚書》學大夏侯學開創者。受詔撰《尚書》、《論語說》。年九十,卒官。
③ 桓榮(?-約59),東漢沛郡龍亢人,字春卿。少習《歐陽尚書》。封關內侯。

乃若是哉！'"鄙哉！言乎學經，而不體實行之於身，其流弊必至於是。若董仲舒、康成則不然。董子董仲舒之言曰："正其誼道義不謀其利，明其道不計其功。"鄭君之言曰："仲尼之門考以四科指德行、言語、政事、文學，回①、賜②之徒不稱官閥官階、門第。"漢儒如二子，可謂能見大意矣。班氏《仲舒傳》贊引劉歆之言，云："仲舒承秦滅學之後，六經離析離散，下帷指閉門苦讀發憤，潛心大業，令學者有所統壹，為群儒首。"《敘傳》又云："讜dǎng言直言訪對回答皇帝的諮詢，為世純儒。"范氏③《康成傳》亦云："至於經傳洽熟，稱為純儒。"有以也夫。

18. 李維詢問："《後漢書·班固傳》論譏《前書》《漢書》，又稱《前漢書》'議論常排排斥死節為保全節操而死，否正直，而不敘殺身成仁之為美。'注引孟堅譏劇孟④、郭解當之。未知然否？"

《前書》中如《京房傳》贊云："區區不重要的人不量淺深，危言刺譏，構怨結怨強臣，罪辜罪咎不旋踵形容迅速，亦不密以

---

① 指顏回（前521－前490），即顏淵，春秋末魯國人，字子淵。孔子弟子，貧而好學，早死，後世尊為"復聖"。
② 指子貢（前520－？），即端木賜。春秋時衛國人，名賜，字子貢。孔子弟子，善辭令。歷仕魯、衛，卒於齊。
③ 指范曄（398－445），南朝宋順陽人，字蔚宗。善文章，曉音律，作《後漢書》。
④ 劇孟，西漢河南洛陽人。以俠聞，死後，家無十金之財。

失身①。"《王章②傳》贊云:"剛直守節,不量輕重,以陷刑戮,妻子流遷。"《翟義③傳》贊云:"義不量力,懷忠憤發,以隕其宗。"《何武④王嘉⑤傳》贊云:"區區以一簣kuì。指一竹筐之土障阻塞江河,用沒其身。"皆所謂排死節、否正直,不敘殺身成仁之為美也。傅休奕⑥譏班氏之失,有云:"論國體則飾主闕而折忠臣,敘世教正統禮教則貴取容討好別人以求安身而賤直節。"正與范氏意同,注似未得本旨原意。

19. 李學淵問:"《中說》云:'使陳壽⑦不美於《春秋》,遷、固之罪。'《中說》原文作:"使陳壽不美于史,遷、固之罪也。使范甯不盡美於《春秋》,歆、向之罪也。"其許稱許《三國志》,若過於前史。何也?"

《史記》於《秦始皇本紀》首稱"秦始皇帝",繼復稱"秦

---

① 語出《周易·繫辭》:"君不密則失臣,臣不密則失身。"意思是說:君主說話不謹慎會失信於臣子,臣子說話不謹慎會災殃及身。

② 王章(?－前24),西漢泰山鉅平人,字仲卿。斥王鳳專權,為其所陷,下獄死。

③ 翟義(?－7),西漢汝南上蔡人,字文仲。舉兵討伐王莽,被鎮壓,夷滅三族。

④ 何武(?－3),西漢蜀郡郫人,字君公。封氾鄉侯。王莽時被誣,自殺。謚剌。

⑤ 王嘉(?－前2),西漢平陵人,字公仲。封新甫侯。繫獄二十餘日,不食嘔血死。追謚忠。

⑥ 指傅玄(217－278),西晉北地泥陽人,字休奕。博學善屬文,解音律,有《傅子》。

⑦ 陳壽(233－297),西晉巴西安漢人,字承祚。官終御史治書,有良史才,撰《三國志》。

王",至即帝位乃稱"始皇"。《高祖本紀》始稱"高祖",繼稱"沛公",繼稱"漢王",至五年決勝垓下乃稱"皇帝"。此等書法盡自《尚書·帝典》堯崩後始稱舜為"帝"來。《前漢書》與《史記》同,惟高祖稱"帝"在即位後,不在決勝垓下時,小異。《後漢書》於光武,從《前書》。此三帝者,皆肇造始建區夏華夏,身登九五本《易》卦爻位名,《易·乾》:"九五,飛龍在天,利見大人。"孔穎達疏:"言九五,陽氣盛至於天,故云'飛龍在天'。此自然之象,猶若聖人有龍德、飛騰而居天位。"後因以"九五"指帝位者也。惟《三國志》之於魏太祖①則不然。論其實則漢賊也,論其名則魏王,其太祖乃追號之也。承祚陳壽於《魏志》首稱之曰"太祖武皇帝",及為大將軍時則稱"公",既進爵為王則稱"王"。及其死也不曰"王薨稱諸侯之死",又不曰"帝崩稱帝王、皇后之死",而曰"王崩"。即此二字,而當操之不王不帝情形已畢露。誅曹瞞於既死,其辭不亦嚴乎? 至於書高貴鄉公②卒,則自《春秋》書公薨、書子卒稱大夫之死參酌而得,所謂內大惡大惡行諱也。然齊王芳之廢,書之曰:"大將軍司馬景王③將謀廢帝,以聞皇太后。"則固筆挾風霜比喻嚴肅的內容矣。《高

---

① 指曹操(155－220),即魏武帝。東漢末沛國譙人,字孟德,一名吉利,小名阿瞞。挾天子以令諸侯,先後破呂布、袁術、袁紹,統一北方。封魏王。卒諡武,魏文帝追尊武帝,廟號太祖。今存《曹操集》。

② 指曹髦(241－260),三國魏皇帝,字彥士,曹丕孫。齊王曹芳正始中封高貴鄉公。司馬師廢齊王,立髦為帝,在位七年,後爲司馬昭所殺。

③ 指司馬師(208－255),三國魏河內溫人,字子元,司馬懿長子。專朝政,廢齊王芳,立曹髦為帝。侄炎建晉朝,追尊為景帝。

貴鄉公紀》詳載其學問之美，評以為文帝①之流，而但譏之曰"輕躁輕率浮躁忿肆憤怒縱恣"，而太后令所云皆誣可知。於曹爽②但譏之曰"沈溺盈滿驕傲自滿"，而張當事曹爽，被司馬懿斬所陳皆誣可知。魏之代漢，既載加九錫③之文，復載禪位之詔，晉之代魏，遂括之曰"如漢魏故事"。評又曰："仰遵前式從前的法度和規範，揖讓賓主相見的禮節而禪。"微精深矣哉，承祚之用筆也。文中子④盛稱之，豈謂此等處耶？

20. 劉濟慈問："《五代史記》指歐陽修所撰《新五代史》何以不為韓通⑤立傳？"

《五代史記》之不載韓通，昔人疑之者多矣。然無他也，歐公，宋人，於禪代帝位的禪讓和接替時事，自難言之。觀其作《唐六臣傳》，首載裴樞⑥、獨孤損⑦等七人之死於白馬

---

① 魏文帝(187-226)，即曹丕。三國魏皇帝，沛國譙人，字子桓，曹操次子。代漢稱帝，建立魏王朝。性好文學，有《魏文帝集》。

② 曹爽(？-249)，三國魏沛國譙人，字昭伯。與司馬懿同輔政曹芳，專擅朝政。後為司馬懿所殺。

③ 魏晉六朝掌政大臣奪取政權、建立新王朝皆襲王莽謀漢先邀九錫之事。後以九錫為權臣篡位的先聲。

④ 指王通(580-617)，字仲淹，號文中子，隋河東郡龍門縣人。大儒，著有《續六經》、《中說》(又稱《文中子中說》、《文中子》)。

⑤ 韓通(？-960)，五代時並州太原人，字仲達。弱冠從軍，以勇力聞。陳橋兵變，為王彥昇所殺。

⑥ 裴樞(841-905)，唐末絳州聞喜人，字紀聖。與朱溫相結納，後被朱溫殺於白馬驛。

⑦ 獨孤損(？-905)，唐末河南洛陽人，字又損。官至京兆尹。為朱溫所惡，被殺於白馬驛。

驛,然後備列張文蔚①、蘇循②等六人之趨利賣國。然則通之事,公固待諸後之修宋史者,灼然_{明顯貌}可知矣。

21. 梁廣唐問:"程子以陳平、周勃附和呂后為畏死。竊謂人臣之道,一死未足塞責_{補過},平、勃不死而後誅呂安劉乃有人也。"

委蛇 wēi yí,_{隨順貌}觀變以成功名,古今自有此一種人物。如唐之狄梁公③、明之徐文貞④皆是也。但學者當此時勢,宜自審其才以為之。如不能為古人之所為,則不如師法王陵⑤,猶不失為守正恪_{守正道}。不然徒喪名節,不且進退兩無所據耶!

22. 林玉生問:"羅大經⑥論張子房_{指張良}:'畨年_{年輕的時}

---

① 張文蔚(？-908),唐末五代河間人,字右華。梁初制度多其裁定。
② 蘇佾(？-924),五代時人。唐懿宗咸通進士,累官禮部尚書。
③ 指狄仁傑(630-700),唐並州太原人,字懷英。封燕國公。卒謚文惠,封梁國公。
④ 指徐階(1503-1583),明松江華亭人,字子升,號少湖,又號存齋。嘉靖二年進士。官至內閣首輔,卒贈太保,謚文貞。有《世經堂集》。
⑤ 王陵(？-181),西漢泗水沛人。好直言,因反對呂后,罷相,改任太傅。卒謚武。
⑥ 羅大經(1196-？),宋吉州廬陵人,字景綸。坐事被劾罷。有《易解》、《鶴林玉露》。

侯似荊軻①,晚年似魯仲連②。'蓋是俠士、策士戰國時游說諸侯的縱橫之士之流。此論然否？"

《史記·留侯世家》載佐漢之功,不過為沛公納交項伯③,止漢王立六國後,立韓信為齊王,後又許立為楚王,立彭越④為梁王,封雍齒⑤為侯,勸帝都關中,調護太子諸事,大抵皆策士之所長。若夫伊傅伊尹和傅說,商代賢相周召周公旦和召公奭,有美政所以陳善納誨,以求立萬世之根本者,則無聞焉。太史公作贊,但云："豈可謂非天乎？"蓋亦不滿之辭也。然則以荊軻、魯仲連方比較之,似亦恰如其分。

---

① 荊軻(？－前227),戰國末衛國人。被燕太子丹尊為上卿。行刺秦王未成,被殺。
② 魯仲連,或稱魯連,戰國時齊國人。高節不仕,喜排難解紛。有《魯仲連子》,已佚。
③ 項伯(？－前192),秦末下項人,名纏,字伯,項羽叔父。鴻門宴以身翼蔽劉邦。高祖七午封射陽侯,賜姓劉氏。
④ 彭越(？－前196),西漢山陽昌邑人,字仲。從劉邦,封梁王。後被高祖誅,夷三族。
⑤ 雍齒(？－前193),西漢沛人。從劉邦起兵,封什邡侯。諡肅。

起鳳書院答問卷三

1. 林鳳賡問： "昔人謂老子即老彭。其說然否？"

昔人或謂老彭為老子。或謂為彭祖①。或謂老為老子，彭為彭祖。三說不同。朱子《論語集注》必以謂彭祖為是者，蓋因《大戴禮·虞戴德篇》明有"老彭"耳。然《文集《晦庵集》·答汪尚書書》則云：

> 以《曾子問》《大戴禮記》篇名中言禮數段證之，似老聃 dān，老子名聃之述而不作闡述前人之說，自己不創新，信而好古相信並愛好古代的東西皆可見。聃，周之史官，掌國之典籍、三皇五帝之書。如《五千言》即《道德經》亦或古有是語而老子傳之，未可知也。蓋《列子》引《黃帝書》，即《老子·穀神不死章》也。

據此則又以老彭為老子。今以"我"字語氣觀之，此書

---

① 彭祖，即籛 jiān 堅。傳說中遠古時人，相傳堯時舉用，歷夏至殷末，約八百餘歲。

所言不為無理。老子喜稱述古語,如《戰國策·魏策》、《韓非子·說林篇》並引《周書》"將欲敗之,必姑輔輔助之。將欲取之,必姑與之",與《老子》文同。又《文子》引《老子》云:"人生而靜,天之性也。感物見物興感而動,性之害也。物至到來為應接應,智之動也。智與物接,而好憎生焉。好憎成形,而智怵 xù,誘惑於外,不能反己,而天理滅矣。"與《樂記》文相出入。皆可為證。

2. 謝君式問:"《漢書·藝文志》何以列《管子》管仲著於道家?"

《漢書·藝文志》列《管子》於道家,曩亦疑之。後讀《史記·管晏列傳》載仲之相齊在齊國為相云:

> 俗民眾之所欲,因而予之。俗之所否,因而去之。其為政也,善因利用禍而為福,轉敗而為功。貴輕重,慎權衡①。桓公②實怒少姬③,南襲蔡,管仲因而伐楚,責包茅祭祀時濾酒的菁茅,裹束置匣中得稱不入貢於周室。桓公實北征山戎匈奴的一支,而管仲因而令燕修召公之政。

---

① 輕重,我國歷史上有關調節商品、貨幣流通和控制物價的理論。《管子》有《輕重篇》論述最祥。權衡,稱量物體輕重的器具。二者用指調盈濟虛,平衡物價的政策。

② 指齊桓公(?－前643),春秋時齊國國君,姜姓,名小白。為春秋時代首位霸主。卒謚桓。

③ 指蔡姬,春秋時蔡國人,齊桓公夫人。與桓公戲船時蕩舟,公懼,止之,姬不應。桓公怒而歸之,蔡侯再嫁姬,桓公興師伐蔡。

於柯之會,桓公欲背曹沫①之約,管仲因而信_{實踐諾言}之,諸侯由是歸齊。故曰:"知與之爲取,政之寶也。"

據此,則仲之作用全與老子相似,不獨《白心》、《内業》二者皆《管子》篇名諸篇所言近於道家也。然則班《志》以《管子》儕 chái,_{同類}於《老子》,不亦宜乎?

3. 謝君式問:"《藝文志》_{指《漢書·藝文志》}列《晏子春秋》於儒家,亦有説乎?"

柳子厚嘗疑《晏子春秋》大旨與《墨子》相近,宜入墨家。按班《志》,所以入於儒家者,蓋以孔子嘗稱其"善與人交,久而敬之"。《左傳》載其嗣立_{繼承君位}能爲喪禮,又告齊景公②以"禮可爲國",與孔子"爲國以禮"之言合。論"和同之異③",與"君子和而不同,小人同而不和"之言合。論"禳 ráng,_{除邪消災的祭祀}彗_{彗星}之無益",與"丘_{孔子自稱}之禱_{禱告}久矣"之言合。告子尾_{齊惠公之孫}以"利過則爲敗",與"放於利,而行多怨"之言合。惟《禮記》稱其"一狐裘三十年,遣車_{送葬載牲體之車}一乘,及墓而反_返","祀其先人,豚肩_{豬腿}不

---

① 曹沫,名一作眜,春秋時魯國人,事魯莊公。莊公十三年魯與齊會於柯,曹沫持匕首脅迫齊桓公訂盟。一説曹沫即曹劌。

② 齊景公(?-前490),春秋時齊國國君,名杵臼。在位期間朝政混亂,後任晏嬰爲正卿,稍有改善。

③ 春秋時代兩個互爲對應的常用語。和謂可否相濟,相輔相成;同謂單一不二,無所差異。和能生物,同無所成。

揜 yǎn,通"掩",遮蓋。豆古代盛肉或其他食品的器皿,形狀像高腳盤。澣 huàn,洗滌。衣濯 zhuó,洗滌冠以朝",為近於墨子之節用、節葬耳。然當時曾子不以為非,則固儒門中人,可知也。且《史記·孟子荀卿列傳》:"蓋墨翟,宋之大夫,善守禦,為節用。或曰並孔子時,或曰在其後。"《索隱》:"按《別錄》云:'《墨子書》有文子,子夏之弟子,問於墨子。'如此,則墨子在七十子後也。"據此是墨子之時後於晏子,晏子安能預宗其道耶?若夫此書有云"墨子聞之曰",又有譏孔子之語數條。如云"厚葬破民貧國,久喪道哀費日",與云"盛聲樂以侈世,飾弦歌鼓舞以聚徒門徒,繁登降之禮尊卑進退的禮節,趨翔之節行動的禮節以觀衆給衆人示範",辭皆近於《墨子》。故子厚以為"墨子之徒有齊人者為之"。然其書亦有云"孔子聞之曰"、"仲尼聞之曰"、"君子曰"。又載晏子引仲尼"居處平日的儀容舉止惰倦,廉隅行為品行端方不苟不正,則季次、原憲侍;氣鬱心情鬱悶而疾困苦,志意精神不通,則仲由、卜商侍;德不盛,行不厚,則顏回、騫雍以上六人孔子弟子侍"以告景公,與仲尼與晏子論禮、晏子贈曾子善言等事。是則此書亦未必出於一人一時。儒、墨兩家,恐皆有採其行事而紀載之者。後人收拾成書,故其辭純駁不同。如此,《四庫全書總目》入之於"史部傳記類",得其旨矣。柳氏之説未必是,班《志》恐亦未可厚非。

4. 李逢先問《莊子》大旨。

太史公以《莊子》為寓言託辭以寓意,韓退之以為荒唐之辭。二子皆知《莊子》者，但"寓言"字、"荒唐"字亦本《莊子·天下篇》，非二子所創也。① 是篇又云："以天下為沈濁污濁，不可與莊語猶正論。"然則使《莊子》如莊語，必別有所在矣。且莊子非不知儒學者，退之嘗考其淵源，以為子夏之學，其後有田子方②，子方之後流而為莊周，故周之書喜稱子方之為人。朱子亦云："莊周是大秀才優異之才。觀《人間世篇》及《漁父篇》二者皆《莊子》篇名以後，多是説孔子與諸人語，止是不肯學孔子。所謂知者過之也。"語出朱熹《性理大全書》，與原文稍異如説"《詩》以道志，《書》以道事，《禮》以道行，《樂》以道和，《易》以道陰陽，《春秋》以道名分"語出《莊子·天下》，字字有著落。由此觀之，《莊子》一書，特以疾憂慮天下之沈濁而作。如開卷便説齊諧③之志怪，則三十三篇皆志怪之書。可知彼既不自以為莊語，讀者固不當以莊語讀之也。

---

① 《莊子·寓言》云："寓言十九，重言十七，卮(zhī)言日出，和以天倪。"《莊子·天下》云："以謬悠之説，荒唐之言，無端崖之辭，時恣縱而不儻，不以觭見之也。"

② 田子方，戰國時人，受學於子貢，為魏文侯師。文侯以為其為仁人，乃國之寶。

③ 齊諧，人名，一説古書名。《莊子·逍遙遊》有"齊諧者，志怪者也"。後志怪之書以及敷演此類故事的戲劇，多以"齊諧"為名。

5. 李學淵問:"蘇子瞻①謂李斯②以荀卿③之學亡秦,其說當否?"

　　子瞻此說,吾家惜抱先生嘗以為不然。今觀《史記·李斯傳》所載二世詢斯之言,乃引韓子_{韓非}為説。斯所本以對二世者,亦不外申_{申不害}、韓、商君_{商鞅}三家,是則斯以此三家之學亡秦耳。《韓非子·和氏篇》云:"商君教秦孝公④燔_{fán},焚燒《詩》、《書》而明法令,禁遊宦_{離家在外做官}之民。"是則斯之焚書坑儒,實祖商鞅之故智也。又《五蠹篇》云:"故明主之國,無書簡之文,以法為教;無先王之語,以吏為師;無私劍_{為私人效勞的刺客}之捍_{通"悍",勇猛,强悍},以斬首為勇。"《忠孝篇》_{以上二者皆《韓非子》篇名}云:"夫為人子而常譽他人之親曰:'某子之親,夜寢早起,強力生財以養子孫臣妾。'是誹謗其親者也。為人臣常譽先王之德厚而願_{嚮往}之,是誹謗其君者也。非其親者知其不孝,而非其君者天下賢之,此所以亂也。"此二條所言,與斯之所以謀秦者尤相合。是則斯雖非而殺之,實陰_{暗地}竊其術以為治也。故董子以秦之

---

①　指蘇軾(1037-1101),宋眉州眉山人,字子瞻,號東坡居士,蘇洵之子。唐宋八大家之一,有《東坡七集》等。

②　李斯(?-前208),秦上蔡人。仕於秦,廢《詩》、《書》,禁私學,作《倉頡篇》。為趙高所誣,腰斬並夷滅三族。

③　指荀子(約前313-前238),戰國時趙國人,名況,字卿,漢人避宣帝諱,稱孫卿。學術淵源於儒家而博采眾家之長,韓非、李斯均從之受學。著有《荀子》。

④　秦孝公(前381-前338),戰國時秦國國君,名渠梁。任用商鞅,實行變法,秦日益富強。諡孝。

亡,由於師申商之法,行韓非之説,可謂得其實矣,於荀卿何與乎?方斯之貴也,有感於荀卿物禁忌諱太盛之言,卒之不能避遠權勢,以喪其軀。然則斯之失,正在不守荀卿之學耳。又《荀子·議兵篇》云:"李斯問孫卿子荀子曰:'秦四世有勝,兵強海內,威行諸侯,非以仁義為之也,以便有利從事從於形勢而已。'孫卿子曰:'非女通"汝",你所知也!女所謂便者,不便之便也;吾所謂仁義者,大便之便也。'"據此,則以便從事,乃斯之本懷,荀子實不以為然也。子瞻不深考,而歸獄猶歸罪於卿,其説豈足信?至於鍾伯敬①謂子瞻著此論,乃為荊公②而發,吾鄉劉孟塗③先生深取之。然王氏志堅④又謂此論刻於《應詔集》蘇軾著,乃應制科時作,未有荊公事,而以伯敬為誤。按明允⑤著《辨姦論》時,荊公亦未用於世,安知子瞻非故作識微看到事物的苗頭而能察知其本質和發展趨向之論乎?取以備一説,似無不可。

---

① 鍾惺(1574-1624),明湖廣竟陵人,字伯敬,號退穀。與同里譚元春評選《唐詩歸》等聞名,時稱"竟陵體"。

② 指王安石(1021-1086),宋撫州臨川人,字介甫,號半山。詩文雄健峭拔,唐宋八大家之一。有《臨川集》等。

③ 指劉開(1784-1824),清安徽桐城人,字方來,號孟塗。姚鼐弟子,有《孟塗詩文集》等。

④ 王志堅,字弱生,更字淑士,亦字聞修,明崑山人。萬曆庚戌進士,官至湖廣提學僉事。著有《讀史商語》、《四六法海》、《古文瀆編》等。

⑤ 指蘇洵(1009-1066),宋眉州眉山人,字明允,號老泉。擅長古文,唐宋八大家之一,與子蘇軾、蘇轍合稱"三蘇"。有《嘉祐集》等。

6. 甘尚仁問:"程子云:'楊子①以老子言道德為可取,至如"搥提抨擊仁義,絕滅禮學"則無取。如老子言:"失道而後德,失德而後仁,失仁而後義,失義而後禮。"則自不識道,卻言其言道德則可取。蓋自是楊子已不識道。'此論何如?"

程子嘗云:"莊子形容道體道之本體之語,儘有好處,《老子·穀神不死》一章最佳。"又云:"《莊子》'嗜欲嗜好欲望深者,天機天賦靈機淺',此言最善。"又云:"謹禮不透者,須看《莊子》。"楊子取老子之言道德,或亦猶程子諸語耳,未必指"失道而後德"諸語言之也。大抵老子述而不作,信而好古。其書如《穀神不死章》,據《列子》,乃古有是言,則其學之有所受,即此可知矣。其於道體,頗有所見,理固宜然。但異於吾聖人者,則以有見於形而上無形,抽象者,而忽於形而下實在,具體者。不知形而下者,與形而上者,初本來不可以歧視之也。使知程子之所謂"體用本質和現象一原一個本原,顯微顯著和隱蔽無間"者,則"搥提仁義,絕滅禮學"之言不出於口矣。

子雲揚雄以莊周可取在少欲,其失在罔枉曲君臣之義。按《朱子語類》云:

---

①　楊雄(前53－18),字子雲,西漢蜀郡成都(今四川成都郫縣)人。西漢辭賦家、小學家。

列①莊揚朱之學,故其書多引其語。莊子説:"子之於親也,命也,不可解解釋於心。"至臣之於君,則曰:"義也,無所逃於天地之間。"是他看得君臣之義,卻似是逃不得、不奈何,須著必須臣服他,更無自然相為一體之意,故孟子以為無君。

此條與子雲相發明印證,大抵君臣之義,莫篤深厚於屈子。如莊子所尚,自與屈子不同。觀《人間世》以關龍逢、比干為好名。《大宗師》以狐不偕、務光、伯夷、叔齊、箕子胥餘、紀他、申徒狄以上皆古賢人為役做事人之役。適快樂人之適,而不自適,其適可見。

7. 甘尚仁問:"楊子雲不可謂非知道通曉事理之士,乃仕於新莽②,何也？或謂《劇秦美新》揚雄貶秦褒莽之作非子雲所作。然與？"

古今論楊子雲者,惟韓退之謂其書大醇小疵大體純正,而略有缺點,而置其人不論,最為得之。王介甫王安石、曾子固③則曲護袒護其為人,以為同於箕子、仲尼。蘇子瞻則並其書

---

① 指列禦寇,即列子。戰國時鄭國人,主張清靜無為,被道家尊為前輩。今本《列子》,疑為後人偽托。

② 指王莽及其所建新朝。王莽(前45年-後23),西漢末濟南東平陵人,字巨君。以德行著稱,平帝時號安漢公。後篡位,改國號為新,在位十五年。

③ 指曾鞏(1019-1083),宋建昌軍南豐人,字子固,世稱南豐先生。善散文,唐宋八大家之一,曾校理《戰國策》等典籍,又有《元豐類稿》。

訾之，以為以艱深深奧難懂文淺陋見識狹隘貧乏。朱子亦謂《法言》特《長楊》、《校獵》以上皆揚雄著之流，而粗變其音節。此二說皆非也。雄之識，實高其所見，實較劉向父子為勝。第只是出處出仕和隱退之際，則不無可議，亦不但為莽大夫而已。其初至京師，即游於王氏①之門，《漢書》本傳載之甚悉。然則其失身久矣，後之為《劇秦美新》，何足怪耶？洪景盧②謂子雲為此篇，以新與秦並言，而序乃云配五帝、冠三王，直戲莽耳。以子雲之識，非不知莽所為之悖者？是篇詞非躓 zhí 實踏實，或當如洪言。然績學學問淵博如子雲，當哀平之朝自當遠引遠去，乃濡跡出仕新室而為之大夫，縱作此文戲莽，復何救於名節耶？況《法言》末亦以漢公王莽為賢於阿衡商代官名，指伊尹、周公③，又何說以解免耶？總之學者於子雲，必譏其書，固違孔子"不以人廢言"之訓；必取其人，亦違孟子"知人論世為瞭解人物而論述其有關時代背景"之旨。惟取其所可取，而置其所當置，兩不相妨焉，其亦可也。

8. 李學潮問："《太極圖說》宋周敦頤著、《西銘》宋張載著其言，亦有所自來否？"

---

① 指王音(？-前15)，西漢魏郡元城人。親附大將軍王鳳，官御史大夫，封安陽侯。召揚雄為門下史，推薦為待詔。
② 指洪邁(1123-1202)，宋饒州鄱陽人，字景盧，號容齋。學識博洽，猶熟於宋代掌故，有《容齋五筆》等。卒諡文敏。
③ 周公，或作周公旦。西周王族，姬姓，名旦，周文王子，武王弟。武王卒，成王幼，周公攝政。成王長，還政於王。

朱子《答胡廣仲書》以伊川先生《顏子所好何學論》"天地儲精_{儲積精靈}之氣,得五行之秀者為人。其本也專而靜,其未發_{顯露}也五性具焉,曰仁、義、禮、智、信。形既生矣,外物觸其形,而動於中矣。其中動而七情出焉,曰喜、怒、哀、樂、愛、惡、欲。情既熾,而益蕩,其性鑿_{開拓}矣"諸語,與《樂記》《禮記》篇名"人生而靜,天之性也。感於物而動,性之欲也。物至知知_{每一物來皆知},然後好惡形焉。好惡無節於內,知誘於外,不能反躬_{自我檢束},天理滅矣"諸語,指意不殊_{不同}。予嘗因是推之,如周子①《太極圖説》,人皆知自《繫辭傳》《周易》篇名"易有太極"一段來,而不知自篇首至"五性_{人的五種性情},喜、怒、欲、懼、憂_{感動}而善惡分,萬事出矣",與《禮運》《禮記》篇名"故人者,具天地之德,陰陽之交,鬼神之會,五行之秀氣也"一段,詞旨正相近。自"聖人定之以中正_{正直}仁義而主靜"以下,與"故聖人作則,必以天地為本"以下,詞旨亦相近。若夫"老有所終,壯有所用,幼有所長,矜寡孤獨廢疾者,皆有所養",與"以天下為一家,中國為一人"等語,及《樂記》所云"是故強者脅_{威脅}弱,衆者暴_{欺凌}寡,知者詐愚,勇者苦怯,疾病不養,鰥寡孤獨不得其所,此大亂之道也"等語,則又張子②《西銘》"民吾同胞,物吾與也"等語之所自出。其云"故天生時而地生財,人其父生而師教之"。又《郊特牲》云:"萬物本乎天,人本乎祖,此所

---

① 指周敦頤(1017 – 1073),本名敦實,宋道州營道人,字茂叔,號濂溪。精於《易》學,為道學創始人,有《太極圖説》等。

② 指張載(1020 – 1077),宋鳳翔郿縣人,字子厚,世稱橫渠先生。講學關中,傳其學者成為關學。有《正蒙》、《易説》等。

以配上帝天帝也。"《祭義》云:"唯仁人為能饗xiǎng,犒勞,招待帝,孝子為能饗親。"《哀公問》以上三者皆《禮記》篇名云:"仁人不過乎物,孝子不過乎物,是故仁人之事親也如事天,事天如事親。"大抵皆以父母與天地並言,其亦《西銘》一篇之大義與。

9. 李學潮問:"《太極圖說》首言'無極①',陸象山②嘗疑之,朱子屢書為周子左袒偏護。兩家之說,孰為得實?"

《太極圖說》:"無極而太極。"朱子引《詩·大雅》云"上天之載事,無聲無臭xiù,氣味"釋之。而又明之曰"非於太極③之外,別有無極"。然則《太極圖》之理,固與《易》相表裏,亦與《詩》相表裏矣。《中庸》之末引此詩,且歎之為至。周子之學,源出孔、孟,尚何疑乎?朱子《江州重建濂溪先生書堂記》云:"蓋先生不由師傳,默契暗相契合道體。"可謂得其實矣。而象山陸子陸九淵猶以"無極"二字,疑其本於《老子》。然則《論語》曰"無為而治",《繫辭》曰"《易》無思也,無為也",《中庸》曰"無為而成",豈"無為"二字亦

---

① 無極,中國古代哲學認為無極是形成宇宙萬物的本原。以其無形無象,無聲無色,無始無終,無可指名,故曰無極。周敦頤《太極圖說》云:"無極而太極。太極動而生陽……陰陽一太極也,太極本無極也。"
② 指陸九淵(1139－1193),宋撫州金溪人,字子靜,號象山翁,世稱象山先生。與朱熹齊名,主"心即理"說。有《象山先生全集》。明王守仁繼承發展其學,形成陸王學派。
③ 太極,古代哲學家稱最原始的混沌之氣。謂太極運動而分化出陰陽,由陰陽而產生四時變化,繼而出現各種自然現象,是宇宙萬物之原。

本於《老子》與？況《老子》所以不免為異端者，以"槌提仁義，絕滅禮學"耳。若他語，未必盡有害於道也。使同於《老子》之辭，即不可引用，何以《曾子問》亦載孔子引老子之言？又"其進銳快速者，其退速"，據《後漢書·李固傳》，乃老子語孟子，亦何為與之同乎？

楊升庵云："《汲冢周書》①：'正使之合乎法度人莫如有極，道言說天莫如無極。'然則'無極而太極'之言，亦不始於周子矣。"按陸子所以疑周子者，特以"無極"二字與《老子》"復歸於無極"、《列子》"物之終始，初無極已"、《莊子》"入無窮之門比喻大道之門徑，以遊無極之野比喻大道是無限的"相同耳，而不知《周書》已有此二字。予又考《詩·維天之命》傳引孟仲子孟子弟子曰："大哉，天命之無極，而美周之禮也。"柳子厚《天對》曰："無極之極，漭瀰 mǎng mí, 廣大貌非垠。"是則"無極"二字，儒家固嘗言之，陸子偶未考耳。

10. 李學潮問程張指程頤和張載**學術源流。**

---

① 《汲冢周書》，汲冢書之一，晉代汲郡戰國古墓出土之古籍。原十六種，七十五篇，今僅存四種。

吾友即墨地名,今屬山東青島市鄭杲①,嘗疑胡安定②、范希文③之學皆純粹,後人數理學何以遺之？今考《朱子文集》載《伊川年譜》,云：

皇祐宋仁宗年號中先生游太學我國古代設於京城的最高學府時,安定主教事,以《顏子所好何學論》試諸生,得先生文,大驚,延與論學,即處以學職。

是程子之學出濂溪,亦安定也。故劉氏紹攽bān④引《易傳》載安定之語,以見程子《易》學所本。《近思錄》朱熹、呂祖謙撰,闡述儒家性命理氣之學載呂與叔⑤撰《橫渠行狀》云：

先生年十八,慨然感情激昂貌以功名自許,上書謁范文正公范仲淹,公知其遠器有才能、能擔大事之人,欲成就之。乃責之曰："儒者自有名教以正名定分為主的禮教,何事於兵！"因勸讀《中庸》。

---

① 鄭杲,字東甫,祖籍河北遷安,幼從父遷山東即墨。光緒五年,舉山東鄉試第一,明年成進士,授刑部主事。肆力於學,以讀經為正課,旁及朝章國故。

② 指胡瑗(993－1059),宋泰州如皋人,一作海陵人,字翼之,世稱安定先生。以經術教授吳中,有《周易口議》等。

③ 指范仲淹(989－1052),宋蘇州吳縣人,字希文,卒謚文正。工詩文及詞,有《范文正公集》。

④ 劉紹攽,清陝西三原人,字繼貢。工詩文、博通經史,主蘭山書院,有《周易詳說》等。

⑤ 指呂大臨(1040－1092),宋京兆藍田人,字與叔。初學於張載,後學於程頤,程門四先生之一。有《玉溪集》等。

是張子之學,出於希文也。二公為五子開山,此即其明證矣。觀《朱子語類》云:

> 本朝道學之盛,亦有其漸。自范文正以來,已有好議論。如山東有孫明復①,徂徠有石守道②,湖州有胡安定,到後來遂有周子、程子、張子出。故程子平生不敢忘此數公,依舊尊之。

又云:

> 當楊劉③時,止是理會文字。到范文正、孫明復、石守道、李泰伯④、常夷甫⑤諸人,漸漸刊落枝葉,務去理會政事,思學問見於用處。及胡安定出,又教人作

---

① 指孫復(992-1057),宋晉州平陽人,字明復。研學《春秋》,世稱泰山先生。有《春秋尊王發微》等。

② 指石介(1005-1045),宋兗州奉符人,字守道,一字公操,人稱徂徠先生。主張道統文統合一說,有《徂徠集》。

③ 楊億和劉筠的並稱。楊億(974-1020),宋建州浦城人,字大年。詩學李商隱,詞藻華麗,號"西昆體",編《西昆酬唱集》。劉筠(971-1031),宋大名人,字子儀。工詩,與楊億合編《西昆酬唱集》。

④ 指李覯 gòu(1009-1059),宋建昌軍南城人,字泰伯,世稱盱江先生、直講先生。排斥釋道二教,重農業生產,有《直講李先生文集》。

⑤ 指常秩(1019-1077),宋潁州汝陰人,字夷甫。以經術著稱。政事無所建樹。

"治道齋①",理會政事,漸漸近裏。所以周程發明道理出來,非一人之力也。

又嘗因言歐陽永叔歐陽修《詩本義》而曰:

理義儒佾經義大本根本復明於世,固自周、程,然先此諸儒亦多有助。舊來儒者不越注疏而已,至永叔、原父宋人劉敞,字原父、明復宋人孫復,字明復諸公,始自出議論。此自運數將開,理義漸欲復明於世故也。

此三條敘述道學之所由來,尤為明白。後人昧其源流,至有謂程子之學出周子,周子出陳摶tuán②及潤州今江蘇鎮江鶴林寺僧壽涯北宋禪師者,《郡齋讀書志》載其說頗詳。考朱子《太極圖通書後序》即云:

朱內翰震③《進易説表》謂此圖之傳"自陳摶、种

---

① 胡瑗講學分"經義齋"和"治事齋"(又稱"治道齋")。"治事齋"包括講武、水利、演算法、曆法等,重經世致用。
② 陳摶(?—989),宋亳州真源人,字圖南,號扶搖子。道士。為宋太宗所重,賜號希夷陳摶先生。其説為理學發端,有《指玄篇》等。
③ 朱震(1072—1138),宋荊門軍人,字子發。深於經學,人稱漢上先生。有《漢上易集傳》。

放①、穆修②而來",嘗竊疑之。及得潘清逸③所撰先生墓誌,然後知果先生所自作,而非有所受於人者。

及《再定太極圖通書後序》,則注於末幅云:

> 按:張忠定公④嘗從希夷_{陳摶}學,而其論公事之有陰陽,頗與《圖說》意合。疑是說之傳,固有端緒_{淵源}。至於先生然後得之於心,而天地萬物之理,鉅細幽明_{有形和無形}、高下精粗,無所不貫,於是始為此圖,以發其秘_{難以測知}之事耳。

據此,則晁氏_{晁公武}所引,雖不為無因,然孔子不云乎"三人行,必有我師焉",周子之有所採於希夷,特節取所言以自益,而宏綱_{大綱}奧旨,得之於心者實多。昔明道先生_{程顥}為《邵康節⑤墓誌銘》云:

---

① 种放(956-1015),宋洛陽人,字明逸,號雲溪醉侯,又號退士。隱居終南山,講習為業。有《退士傳》等。
② 穆修(979-1032),宋鄆州汶陽人,字伯長。性剛介,力主恢復古文傳統,有《穆參軍集》。
③ 指潘興嗣,宋興化軍莆田人,字延之,號清逸居士。著書吟詩自娛,有《詩話》等。
④ 指張詠(946-1015),字復之,號乖崖,濮州甄城人。主張恢復古詩傳統,諡忠定。
⑤ 指邵雍(1011-1077),宋范陽人,字堯夫,自號安樂先生、伊川翁。創"先天學",卒諡康節。有《觀物篇》等。

先生得之於李挺之①，挺之得之於穆伯長穆修，推其源流遠自端緒。今穆、李之言及其行事，概可見矣。而先生純一不雜，汪洋浩大，乃其所自得者多矣。

明道謂康節"所自得者多"，正與朱子謂濂溪周敦頤"得之於心"相似。蓋兩先生於希夷、穆、李，不過如孔子於老聃、萇cháng弘周室忠臣、郯tán子春秋郯國國君、師襄春秋魯國樂官耳。必謂周子之學，全出希夷陳摶，豈孔子之學，亦但出老聃、萇宏、郯子、師襄數人而已耶？

11. 李學潮問："蘇明允蘇洵指荊公王安石為姦，猶之可也。其後子瞻與伊川同朝，乃亦指之為姦，不且大誤耶？"

李文貞公清代理學名臣李光地嘗言："蘇氏父子每喜以姦目人，不惟以此彈劾伊川，荒唐可笑。即以此目荊公，人亦不服。"語出李光地《榕村語錄》，與原文稍異蓋荊公之病，止是執拗耳。竊嘗因是說思之。當日司馬溫公②雖力變介甫之政，而亦未嘗不敬其人，程子、朱子亦然。其所以亂天下者，止一執拗便有餘矣。蓋執拗由於自是自以為是，自是則必遠君子，親小人。小人滿前，天下有不亂者乎？是故斥荊公之執拗，則可詆之為姦，已覺失平，況伊川乎？朱子嘗言："今之

---

① 指李之才(？-1045)，宋青州北海人，字挺之。師穆修，受《易》，傳邵雍。官終殿中丞。

② 指司馬光(1019-1086)，宋陝州夏縣人，字君實。反對王安石變法，在相位八月卒，贈太師、溫國公，謚文正。主持編撰《資治通鑒》。

想像大程子程顥者,當識其明快開朗直爽中和中正平和處。想像二程子者,當識其初年嚴毅,晚年濟以寬平處。"然則伊川早年容或過於方嚴,東坡蘇軾之不能耐,正在於此。然吾人須知,以一布衣初侍講筵講經、講學的處所,風節岳岳形容人剛直不阿,百折不回,其剛大之氣,實足以廉頑立懦高尚情操激勵人振奮向上,何可譏也?故當日蘇子容①丞相嘗嘆:"過伊川之門者,無不肅以為身體力行之驗。"游察院②亦言:"程氏之門,已仕者忘爵祿,未仕者忘飢寒。"其感人之深,至於如此,夫豈能偽為者?以子瞻之賢,而遇伊川,乃失之於交臂。而至於洛蜀分黨③,其釁xìn,爭端雖成於兩家門人,然觀相國寺之"肉食"與"打破敬字"蘇軾對洛黨的詆毀之辭之言,則其端要,不可謂非開於東坡。昔陳白沙④嘗言:"東坡詆伊川,無所不至。而伊川遺書中,乃無一詆東坡語。二公胸懷寬褊,於此可見。"斯言亦得之。

12. 梁望洵問:"昔人有謂《近思錄》首卷論道體道的本

---

① 指蘇頌(1020－1101),宋泉州同安人,字子容。為相,務使百官守法遵職。有《蘇魏公集》等。
② 指游酢 zuò(1053－1123),宋建州建陽人,字定夫,一字子通,世稱薦山先生,亦稱平廣先生。曾任監察御史,時人尊稱察院。師事二程,程門四先生之一,有《易說》等。
③ 宋哲宗元祐年間,反對王安石變法的有洛、蜀、朔三黨。以程頤為首的一黨,因程頤是洛陽人,稱洛黨;蘇軾所在的一黨因其成員為四川人,稱蜀黨;以劉摯為首的北方人,稱為朔黨。洛蜀二黨交惡,互相攻擊,直至北宋亡。
④ 指陳獻章(1428－1500),明廣東新會人,字公甫,號石齋,居白沙里,人稱白沙先生。其學以靜為主,又工書畫。有《白沙詩教解》等。

體，與近思謂就習知易見者思之之義相悖者，近又有謂《小學》乃劉子澄①所詮次選擇和編排，義例體例未盡善者。其論然否？"

《近思錄》首卷論"道體"，朱子既乞呂成公②寫數字附於目錄之後，略言列此數條於篇端者，特使學者知其名義，有所嚮望嚮慕想往而已。至於餘卷所載講學之方，日用躬行之實，具有科級，循是而進，自卑升高，自近及遠，庶幾差不多不失纂集編撰彙集之指。《語類》指《朱子語類》又有"若於第一卷未曉得，且從第二、第三卷看起"之說，是朱子亦嘗致其丁寧叮嚀，不待後人為之代慮也。至於謂《小學》朱熹著乃劉子澄所詮次，考《朱子文集》所載《與子澄書》，如云"《小學》書曾為整頓否"，又云"《小學》書幸早成之"，又云"《小學》能刊行亦佳，但須稍加損益增減"，此雖可據以為證。然又云："《小學》惜乎太遽jù，倉促，又不蒙潤色，近略修改，又別為題辭韻語和於韻律的文辭，庶希望，但願便童習。"又云："《小學》現此修改，益增加以古今故事，而末卷益以周程、張子教人大略及鄉約鄉規民約、雜儀之類，別為下篇。凡定著六篇。"然則此書大體皆出於朱子之手可知。且《序》明言："今頗搜輯，以為此書。"《語類》亦有論《小學》之語十餘

---

① 劉子澄，南宋太和人。知棗陽，後隱居廬山。《江湖後集》輯有其詩一卷。

② 指呂祖謙(1137–1181)，宋婺州金華人，字伯恭，世稱東萊先生，諡成。主明理躬行，開浙東學派先聲，有《東萊呂太史集》等。

條。又黃勉齋①撰《行狀》，載朱子著述極詳，其曰僅能成編，每以未及修補為恨者，《通鑒綱目》也。曰編次用功尤苦，竟亦未及脫藁者，《禮書》也。曰世多用之，然其後亦多損益，未暇更定者，《家禮》也。若《小學》，則列於編次諸書中，並無此等語。至陳北溪②《答陳伯澡書》云："晦翁先生_{朱熹}自出一家機軸_{構思}，輯成《小學》之書。"又《答蘇德甫書》云："晦翁所輯《小學》，姑以補亡。"此則皆以《小學》為朱子所手輯，豈出於子澄也？且平心觀之，無論《內篇》_{謂《小學》之內篇}採六經諸子之精華，《外篇》採漢唐以來名臣大儒省身訓子之語，於進德大為有益，即義例亦無可訾_{zǐ，指責}。即使小有未善，其意固欲人法之以修身，本不同文士之述作，則學者亦取以為修身之助，可矣。嗚呼！安得許魯

---

① 指黃榦gàn(1152 – 1221)，宋福州閩縣人，字直卿，號勉齋。少從朱熹學，熹以女妻之。卒諡文肅，有《勉齋集》。

② 指陳淳(1159 – 1223)，宋漳州龍溪人，字安卿，號北溪。從朱熹學，卒諡文安。有《北溪字義》等。

齋①、薛敬軒②、胡敬齋③、章楓山④、張楊園⑤、陸稼書⑥其人,而與之談此學哉?

13. 梁望洵問:"漢人小學謂六書古人分析漢字構造的理論,即象形、指事、會意、形聲、轉注、假借耳,似與朱子《小學》不同。"

《漢書·藝文志》於"六藝"末列"小學"家。《杜鄴 yè。漢人,字子夏傳》亦云:"尤長小學。"師古曰:"小學,謂文字之學也。《周禮》'八歲入小學,保氏匡正君王、教育貴族子弟的官員教國子公卿大夫的子弟以六書',故因名云。"此指文字言之也。《律曆志》《漢書·律曆志》論備數積累算術的知識云:"其法在算術,宜於天下,小學是則。"此指演算法言之也。此今

---

① 指許衡(1209-1281),字仲平,學者稱魯齋先生,懷州河內(今河南沁陽)人。元代理學家,曾任國子祭酒,著有《許文正公遺書》。
② 指薛瑄(1389-1464),字德溫,號敬軒,明山西河津(今萬榮縣)人。進士出身,曾任大理寺正卿、禮部侍郎、翰林院學士等職,晚年辭官居家講學、著述。著有《讀書錄》、《薛文清集》。
③ 指胡居仁(1434-1484),字叔心,號敬齋,餘干縣梅港(今屬江西)人。明朝理學家。飽讀儒家經典,尤致力於程朱理學,絕意仕進,著述講學,以布衣終身。萬曆中,追諡文敬。著有《易象抄》、《易通解》、《居業錄》、《居業錄續編》、《胡文敬公集》。
④ 指章懋(1436-1521),字德懋,號闇然居士、瀫濱遺老,人稱楓山先生,明浙江蘭溪人。官至禮部尚書。著有《金華·蘭溪鄉賢祠志》、《楓山全集》、《楓山語錄》、《正德蘭溪縣志》等。
⑤ 指張履祥(1611-1674),字考夫,浙江桐鄉縣人。學者稱楊園先生。所著有《經正錄》、《願學記》、《問目》、《備忘錄》、《初學備忘》、《訓子語》、《言行見聞錄》、《近鑒》等。
⑥ 指陸隴其(1630-1693),清浙江平湖人,字稼書,追諡清獻。學術專宗朱熹,排斥陸王,有《困勉錄》等。

之漢學家所云"小學"也。然《食貨志》《漢書·食貨志》:"八歲入小學,學六甲用天干地支計算時日,有甲子、甲戌、甲申、甲午、甲辰、甲寅,故稱、五方東西南北中,指關於空間的知識、書計文字與籌算之事,始知室家家庭中的人長幼之節。"朱子《小學》,正欲使之知室家長幼之節也。然則漢以前"小學",固不僅以書數六藝中的六書、九數之學畢乃事矣。

14. 梁文洛問:"陽明①亦一代鉅儒,國初諸老必力闢駁斥之,何也?"

吾嘗讀《論語》矣,其言心處甚少,雖有"從心所欲,不逾矩逾越規矩"之語,然矩之不逾,實自學中來。故此章首即云:"志於學。"其他如曰"學而時習之","則以學文","可謂好學也已","思而不學則殆危險","敏勤勉而好學","不如丘之好學也","有顏回者好學","博學於文","學而不厭","學之不講,是吾憂也","五十以學《易》","篤信好學對道德事業有信心而勤學","學如不及如同追趕某物,生怕追趕不上","古之學者為己","下學而上達②","以思無益,不如學也","困遇到困難而不學,民斯為下","學《詩》乎","學《禮》

---

① 指王守仁(1472 – 1528),明浙江餘姚人,字伯安,別號陽明子。其學以致良知為主,弟子眾多,世稱姚江學派。以曾築室陽明洞中,學者稱陽明先生。

② 此句具體含義無定論,可參考皇侃《義疏》所云:"下學,學人事;上達,達天命。我既學人事,人事有否有泰,故不尤人。上達天命,天命有窮有通,故我不怨天也。"

乎"，"君子學道則愛人"，"好仁不好學，其蔽蒙蔽也愚；好知不好學，其蔽也蕩無所適守；好信不好學，其蔽也賊禍害；好直不好學，其蔽也絞言語尖刻；好勇不好學，其蔽也亂搗亂；好剛不好學，其蔽也狂膽大妄為"，"小子何莫學夫《詩》"，"博學而篤志"，"君子學以致其道"，"仕而優則學"，"夫子焉不學"，凡言學之處不一而足。孔子之意，蓋恐人之遁於虛而思，引諸至實之地以救之也。程朱所云"讀書窮理"，亦猶是耳。又嘗讀《孟子》矣，其言學處則較少，雖有"博學而詳說之，將以反說約簡略述說之"語，然反約實不外於一心。至言心處，如曰"舉斯心加諸彼"，曰"物皆然，心為甚"，曰"無恒產而有恒心"，曰"我四十不動心"，曰"行有不慊qiǎn，不滿足於心則餒喪失勇氣矣"，曰"人皆有不忍人之心"，曰"無惻隱之心非人也，無羞惡之心非人也，無辭讓之心非人也，無是非之心非人也"，曰"非直僅僅為觀美也，然後盡於人心"，曰"其泚cǐ，汗出貌也，非為人泚，中心達於面目"，曰"作於其心害於其事，作於其事害於其政"，曰"我亦欲正人心"，曰"惟大人德行高尚之人為能格匡正君心之非"，曰"大人者不失其赤子嬰兒之心"，曰"君子所以異於人者，以其存心也"，曰"其所以陷溺其心者然也"，曰"至於心獨無所同然者乎"，曰"操掌握則存，舍則亡，出入無時，莫知其鄉家鄉，喻歸處，惟心之謂與"，曰"此之謂失其本心"，曰"求其放心放縱之心"，曰"心不若人不如人，則不知惡"，曰"心之官官能，功能則思"，曰"盡其心者，知其性也"，曰"仁、義、禮、智根於心"，曰"無以飢渴之害為心害"，曰"今茅塞閉塞子之心矣"，曰"人能充擴充無欲害人之心，人能充無穿窬yú。挖洞爬牆，指偷竊行為之心",曰"養心莫善於寡欲",如此之類,不一而足。孟子之意,蓋恐人之泪應作"汩",沉迷於欲而思引諸至切之地以救之也。陸王指陸九淵和王陽明之言"心即理",言"良知"儒家謂人類先天具有的道德意識亦猶是耳。顏子之言,近於孔子,其言"循循善誘,博文約禮廣求學問,恪守禮法",即程朱"知行並進"之說所自來也。其言"非禮勿視、聽、言、動",即"整、齊、肅","制外養中"之說所自來也。故周子言學顏子之所學,程子亦言孟子才高,學之無可依據,學者須學顏子。今平心觀之,二家之說,皆本於聖賢。程朱數傳以後,流為口耳之學,陸王則亦有師心自用只憑主觀,自以為是之病。欲救末流之失,正當互取所言,以為藥石藥劑和砭石。比喻規戒,似未可是素而非丹,妍姜而醜子也。

古人著書,有中正指正道之言,有救弊之言。中正之言,可以立萬世之極;救弊之言,亦可以矯一時之偏。如孔孟、程朱之書,所謂中正之言也。老莊、申韓諸子,以及陸王之書,不善用之,固有害於世;苟善用之,亦未始不可以救弊。觀秦二世①用申韓之說而亡,諸葛武侯②乃以之治蜀;王夷甫③以老莊之學亡晉,而漢文帝乃以之致太平,可以恍然猛然領悟貌矣。王氏王陽明之為《朱子晚年定論》,雖失其真,然

---

① 秦二世(前230－前207),即胡亥,秦第二代皇帝,始皇少子。行政苛暴,賦役繁重。自殺,在位三年。

② 指諸葛亮(181－234),三國蜀琅邪陽都人,字孔明,有"臥龍"之稱。劉備稱帝,任丞相,封武鄉侯,諡忠武。有《諸葛亮集》輯本。

③ 指王衍(256－311),西晉琅琊臨沂人,字夷甫,唯談《老》、《莊》。懷帝永嘉五年,為石勒所殺。

考其用心，蓋亦欲救朱學末流支離之病。陸稼書之表章陳清瀾①《學蔀 bù 通辨》、張武承②《王學質疑》，則又所以救王學末流之猖狂也。不然王氏豈不知新安朱熹之賢不減於金谿陸九淵？稼書亦豈不知清瀾、武承品學品行學業事業固遠不逮新建王陽明，曾封新建侯乎？學者果默契古人之言，而得其用意深處，則百家之説，胥都可為吾修己治人之助。而門户水火之爭，庶幾永熄也已。

---

① 指陳建(1497－1567)，明廣東東莞人，字廷肇，號清瀾。著《學蔀通辨》，以主朱熹、陸九淵學説，排斥王陽明。

② 指張烈(1622－1685)，清順天大興人，字武承。著《王學質疑》，以程朱為宗，駁王陽明。

起鳳書院答問卷四

1. 李學淵問："《離騷》云'昔余至乎西極西方極遠之處','詔西皇傳說中西方的尊神使涉余','指西海傳說中西方之神海以為期'。不言東、南、北,而獨言西,其亦有説乎?"

《離騷》之末獨言西,李文貞公以為指秦言之,其説是也。大抵此篇如處 fú 妃①,有娀 sōng 佚女②,有虞二姚③,皆指他國之君言之,秦既在西,則西極、西皇、西海自是指秦矣。當時六國之必並於秦,無智愚皆知之。而惟荀子《彊國篇》言之尤詳。其論秦之形勢,以為"威彊乎湯、武④,廣大乎舜、禹"。既太息於"楚之父⑤死,國舉國都被攻克,負三王之廟指使楚立業、受封、稱霸的三君的牌位辟逃避於陳、蔡之間,而

---

① 處妃,相傳是伏羲氏之女,溺死洛水,遂為洛水之神。也寫作"宓妃"。
② 有娀,傳説中的古國名。佚女,美女。此謂簡狄,傳説中遠古帝嚳次妃,有娀氏之女。相傳簡狄吞食玄鳥之卵而生商代始祖契。
③ 有虞,傳説中是虞舜後裔的部落國家。二姚指其國君的兩個女兒。
④ 指周武王,西周國君,姬姓,名發,文王子。滅商建周,在位十九年。
⑤ 指楚懷王(?-前296),戰國時楚國國君,熊氏,名槐。政治腐敗,賢臣被斥。入秦被扣,死於秦。謚懷。

為雛人役"。又言："秦南有沙羨今屬湖北,北與胡、貊mò,二者皆北方少數民族為鄰,西有巴、戎,東在楚者乃界於齊佔有楚地,與齊接,在韓者逾常山恆山乃在臨慮今屬河南,在魏者乃據圉yǔ津古地名,即去距離大梁魏都,今開封百有二十里耳,其在趙者剡yǎn然削侵有苓古地名而據松柏之塞趙植松柏與秦為界,負背靠西海而固常山東以常山為固,是地偏天下也。"劉向《戰國策序》亦言："秦國勢便利,權謀之士,咸都先馳之。"原求他國之君,而終之於虎狼之秦,正上文所謂"遠逝以自疏自求與之疏遠"也。然而"臨睨mì,顧視舊鄉,卒蜷局不肯前行顧而不行"語出《離騷》,此則原之所以為忠,而爭光於日月者也。

2. 李學淵問："《九歌》屈原著,共十一篇**終於《國殤》,何也?"**

《漢書·郊祀志》載谷永①之言曰："楚懷王隆祭祀,事鬼神,欲以獲福助,卻秦師,而兵挫地削,身辱國危。"《九歌》之終於《國殤》,其亦因兵挫於秦,死者眾與。但《地理志》又言楚俗"信巫鬼,重淫祀指祭祀不合時或祭祀不在國家祀典當中的神明",是則隆祭祀,事鬼神自其國之本俗,亦不必始於懷王耳。

3. 李學淵問《遠遊篇》屈原著**大旨。**

---

① 谷永(?-前9),西漢京兆長安人,字子雲。博學於經書,尤精《天官》、《京氏易》。

太史公《屈原賈生列傳》贊云："予讀《離騷》、《天問》、《招魂》、《哀郢》皆屈原所著,悲其志。適去長沙,觀屈原所自沈淵沉沒於淵,未嘗不垂涕,想見其為人。"又云："讀《鵩鳥賦》賈誼謫居長沙時作,同死生,輕去就出仕和入仕,又爽然自失若有所失矣。"按《鵩鳥賦》自"天地為爐,造化自然為工"以下,大旨即《遠遊》所云"惟思天地之無窮兮,哀人生之長勤終生勞苦也",其曰"乘流則逝,得坎則止;縱軀捨棄軀體委命聽從命運,不私與己"。則《遠遊》所云"毋滑 gǔ,亂而爾,你魂精神兮,彼將自然無為自得;壹氣精純不雜之氣孔神神妙兮,於中夜存於夜半感覺到其存在;虛虛靜以待之兮,無為之先不要先有作為;庶類萬物以成形成兮,此德之門"也。其曰"獨與道俱"、"獨與道息生存"、"與道翱翔",即《遠遊》所云"與泰初天地形成之前而為鄰"也。賈生所言,屈子何嘗不知之乎?楊子雲《反離騷》云:"棄由許由,堯時隱士、聃老子之所珍兮,蹠 zhí,跟隨彭咸商賢大夫,投水死之所遺遺則。"觀於《遠游》,屈子何嘗棄由、聃之所珍乎?

《遠遊》所云"壹氣孔神兮,於中夜存"二語,與《孟子》"存夜氣儒家謂晚上靜思所產生的良知善念"之説,正相發明。篇中見王子指王子喬,神話中古仙人,雖寓言,若王子之言,則或見王子之書,而屈子引之,未可知也。

4. 梁宗俊問《子虛》、《上林賦》司馬相如著大旨。

楊子雲譏司馬長卿《子虛》、《上林賦》為諷一而勸百。

以今觀之，此篇之義實與《諫獵書》司馬相如著相表裏。《諫獵書》質言直言之，此則微諷之，其不以獵為然則同。

《上林賦》自"天子芒然惘然而思，似若有亡失"以下，歷數諸善政。而結之曰："若此，故獵乃可喜也。若夫終日馳騁，勞神苦形，罷pí,疲勞車馬之用，抏wán,消耗士卒之精，費府庫之財，而無德厚之恩。務在獨樂，不顧衆庶，忘國家之政，貪雉野雞兔之獲，則仁者不繇通"由"，從也。"大意自《孟子·莊暴章》"獨樂不若與人，少樂不若與衆"及"今王田獵於此"諸語得來。

5. 梁宗俊問："《羽獵賦》揚雄著**：'宏仁惠之虞。'李注：'虞與娛，古字通。'何屺qí瞻①又云：'虞字對上囿字，當為虞人**掌山澤苑囿之官**之虞。'二説孰是？"**

吾弟永概②嘗以何説為是。而即《長楊賦》揚雄著"反五帝之虞"，彼注亦引《尚書》"汝作朕虞"證此注通娛之失，其説極是。此句虞字與篇首"昔者禹任益③虞"句、篇中"乃詔虞人典管理澤山澤"句虞字義亦同。

---

① 指何焯(1661－1722)，清江蘇長洲人，初字潤千，更字屺瞻，晚號茶仙，人稱義門先生。長於校書，有《義門讀書記》等。
② 姚永概(1866－1923)，字叔節，安徽桐城人。光緒十四年(1888)解元。歷任安徽高等學堂總教習、安徽師範學皇監督(校長)、北京大學文科學長、北京正志學校教務長。著有《慎宜軒詩》。
③ 指伯益，或作伯翳、柏翳。傳説中遠古時人，舜命其為虞掌管草木鳥獸。

6. 梁宗俊問《登樓賦》王粲著大旨。

《三國志·王粲①傳》：

> 年十七，司徒官名，掌國土與教化辟詔徵召，除任命黃門侍郎皇帝侍從，以西京長安擾亂，皆不就。乃之荊州依劉表②。表以粲貌寢醜陋而體弱通侻tuō，放達不拘小節，不甚重也。

此《登樓賦》懷歸之所由來與。又曹子建③作《仲宣王粲誄》云：

> 皇家指漢朝不造不幸，京室隕顛覆滅，宰臣指董卓專制，帝指漢獻帝用西遷。君乃羈旅寄居異鄉，離遭此阻艱，翕然突然鳳舉指王粲如鳳高飛，遠竄荊蠻。身窮志達，居鄙位卑行鮮光明，振冠隱居南嶽，濯纓洗滌冠纓，謂潔身自好清川，潛處隱居蓬室草屋，不干求勢權。

然則仲宣之不為表所信任，此亦一證矣。

---

① 王粲(177-217)，東漢末山陽高平人，字仲宣。有詩名，為建安七子之一，有《王侍中集》輯本。
② 劉表(142-208)，東漢末山陽高平人，字景升，皇族遠支。荊州刺史，封成武侯。
③ 指曹植(192-232)，三國魏沛國譙人，字子建，曹操子。善詩工文，與曹操、曹丕合稱三曹。有《曹子建集》。

7. 梁宗俊問《風賦》大旨。

宋玉①《風賦》詞似諛而意則諷也。蓋楚王②以為"寡人與庶人共此風",玉則以為獨王之處,羅幃羅帳洞房內室者,乃有此雄風。彼庶人,則死生不卒,尚得與王同論哉?亦欲其知閭閻里巷內外的門,指民間艱苦之意。

8. 梁廷拔問:"陶淵明③何以作《閑情賦》?"

顏延年④《陶徵士陶淵明誄》云:"少而貧病,居無僕妾。"據此是淵明乃恬淡寡欲之人。所作《閑情賦》,必有所指,未必因慕色而作也。昭明⑤序《淵明集》云:"有疑淵明詩篇篇有酒,吾觀其意不在酒,亦寄酒為跡心跡者也。"可謂得淵明之心。乃又謂此賦為"白璧微瑕",豈淵明之意不在酒,反在色耶? 宜乎,蘇子瞻以"小兒強作解事"詆之也!

9. 梁廷拔問陶淵明之學。

---

① 宋玉,戰國時楚國鄢人。或謂屈原弟子,以賦見稱,作《九辯》等。
② 指楚頃襄王(? - 前263),戰國時楚國國君,熊氏,名橫,懷王子。割地求和,遷都陳城。在位三十六年,諡頃襄。
③ 指陶潛(365或376-427),東晉廬江潯陽人,字淵明。一說名淵明,字元亮。去官隱居,躬耕自資,善詩文。今存《陶淵明集》輯本。
④ 指顏延之(384 456),南朝宋琅琊臨沂人,字延年。官至光祿大大,文章冠絕當時,與謝靈運齊名,世稱"顏謝"。今存《顏光祿集》輯本。
⑤ 指蕭統(501-531),即昭明太子,南朝梁南蘭陵人,武帝長子。編有《文選》,為現存最早詩文總集。

真西山①云：

淵明之學自經術中來。《榮木》此首及以下皆陶淵明詩賦之憂，逝水之嘆也。《貧士》之詠，簞 dān 瓢飲食器具，指生活儉樸之樂也。《飲酒》末章有曰："羲農伏羲和神農去距離我久，舉世少復真自然之道。汲汲心情急切貌魯中叟指孔子，彌縫補救使其淳。"淵明之智及此，豈元虛之士可望耶？

按《淵明集》中自西山所引外，如《答龐參軍》云："談諧說笑無俗調，所說聖人篇。"《赴假還江陵夜行途中》云："詩書敦增厚夙好舊日愛好。"《癸卯歲始春懷古田舍》云："先師有遺訓，憂道不憂貧。"《飲酒》云："少年罕人事少有世俗上交往，遊好在六經。"《感士不遇賦》云："原探源百行各種品行之攸所貴，莫為善之可娛歡樂。奉上天之成命既定的天命，師效法聖人之遺書，發表現忠孝於君親，生信義於鄉閭鄉親。推誠心而獲顯顯達，不矯然矯情飾行而祈譽。"彙而觀之，可以見淵明之所學矣。

10. 林鳳賡問："先儒或謂韓退之《原道》'博愛之謂仁'

---

① 指真德秀(1178–1235)，宋建寧府浦城人，字景元，號西山，謚文忠。學宗朱熹，著《大學衍義》，又有《真文忠公集》。

為近於墨子'兼愛',引《大學》不及'致知①'、'格物推究事物之理',為無頭腦。其說然否?"

此說非也。《廣雅‧釋詁》魏張揖撰訓詁之書,仿《爾雅》:"博,大也。"博愛言大愛,猶云至愛耳,豈愛無差等之謂乎?至引《大學》不及"格物"、"致知",蓋以佛氏自言能治其心,故引此文,止於正心使人心歸向於正、誠意使心志真誠、見現欲。誠意正心不可外天下國家耳,何嘗言可不必"致知"、"格物"也。考《朱子語類》載道夫黃道夫問《原道》說定名確定名稱、虛位為何曰:

> 便如此說亦無害。蓋此仁也、此義也,便是定名。此仁之道、仁之德,此義之道、義之德,則道德是總,名乃虛位也。且須知此語為老子設,方得。蓋老子謂:"失道而後德,失德而後仁,失仁而後義,失義而後禮,失禮而後智。"所以《原道》又云:"吾之所謂道德,合仁與義言之也。"須先知得為老子設,方看得。

由朱子此說觀之,然則此篇引《大學》,止於正心、誠意,亦所謂須先知得為佛設,方看得者也。

---

① 儒家學說用語。語出《禮記‧大學》:"致知在格物。"歷代儒家學者對此有不同解釋。鄭玄認為是使人知善惡吉凶之所終始;朱熹認為"致,推極也;知,猶識也。推極吾之知識,欲其所知無不盡也"。王守仁則認為"致知"即"致吾心之良知"。

11. 李逢先問："韓退之《三上宰相書》頗滋後儒之議非議。不解當日何以為此文？"

退之《上賈滑州書》明云："愈年二十有三。"《上崔虞部書》明云："愈今二十有六矣。"《上宰相第一書》明云："今有人生二十有八年矣。"則此事乃退之少年時所為，故不免猶蹈唐人"馬前求知己"①習氣。若其後德成行尊，則不屑為此矣。觀《答李習之②書》云：

> 僕在京城八九年，無所取資，日求於人以度時月。當時行之不覺也，今而思之，如痛定之人，思當痛之時，不如何能自處也。今年已加長矣，復驅之使就其故地，是亦難矣。

則其學識，前後不同，已可概見。諸書所言，其何傷於日月乎？

12. 李逢先問："退之何以不注經？"

---

① 《文獻通考·選舉二》："風俗之弊，至唐極矣。王公大人，巍然於上，以先達自居，不復求士。天下之士，什什伍伍，戴破帽騎蹇驢。未到門百步，輒下馬奉啟刺，再拜。以謁於典客者。投其所為之文，名之曰求知己。如是而不問，則再如前所為者，名之曰溫卷。如是而又不問，則有執贄於馬前。自贊曰，其人上諧者。嗟呼！風俗之弊，至此極矣。此不獨為士者可鄙。其時之治亂，盡可知矣。"

② 指李翱，唐趙郡人，或作成紀人，字習之。從韓愈為文章，有《李文公集》。

退之《符讀書城南詩》云："文章豈不貴,經訓乃菑畬 zī yú,事物的根本。"是退之之學,固以治經為急也。其生平談經,如云"上規效法姚姒虞舜和夏禹,姚姒為其姓,渾渾廣大貌無涯。《周誥》指《尚書·周書》中的《大誥》、《康誥》等篇《殷盤》《尚書·盤庚》,佶屈聱 áo 牙文句艱澀,不通順暢達。《春秋》謹嚴,《左氏》浮誇。《易》奇而法合乎法則,《詩》正而葩華麗",又云"《春秋》書王法,不誅其人身",又云"孟子功不在禹下",又云"求觀聖人之道,必自孟子始",又云"軻孟子之死,不得其傳焉",又云"孟氏醇 chún,純一不雜乎醇者也",語皆精卓。然《縣齋有懷詩》既云"猶嫌子夏儒",《讀皇甫湜公安園池詩書其後》又云"《爾雅》注蟲魚,定非磊落人",是則退之之治經,所慕在識其大者,而不屑以不賢識小自命。其生平自《論語筆解》外,別無箋注之經,蓋以此耳。

13. 李逢先問:"退之闢佛駁斥佛教**,何以與大顛**唐代僧人,與韓愈友善**來往?"**

退之在潮州與大顛來往,或以為屈於大顛,非也。公生平雖排佛、老,然於二氏之徒,每接引接待之。一則欲化之為儒,一則以世人少可與語者,故聊姑且與往來,以遣日耳。如惠師、穎師、靈師、文暢、澄觀、令縱、高閑、廖道士、張道士皆唐代僧人、道士之類皆然,非必為所屈也,何獨於大顛而疑之?至集中所載《與大顛書》,歐陽永叔以為真,蘇子瞻、陸務觀①以為偽。朱子雖以歐説為然,而亦云:"第三書有不成文理處,或是舊本亡逸,僧徒所記不真,致有脱誤。則究未能決其必不偽也。"先姜塢②府君對已故者的敬稱引朱子於本傳辨公到潮州之日云:

> 據《瀧吏詩》,三月幾望近望日,即農曆月十四日,望為十五日至曲江,是自廣至惠,自惠至潮,水陸相半,非旬日十天,指較短時間可到。公至郡指潮州決非三月也。而四月七日即與大顛書,以為不合情事之證尤為明確。

予謂是書真偽姑勿論,若《與孟尚書書》,則從未有言其偽者。彼文既以信奉釋氏為傳之者妄,學者又何為鍛鍊周內羅織罪狀,必謂退之屈於大顛乎?且退之性氣倔強,集中隨處可見,如《謁衡嶽廟詩》云"侯王將相望久絶,神縱欲福難為功",《記夢詩》云"我能屈曲自世間,安能從汝巢居住神山"。是神仙且不為之屈,而況一僧乎?

14. 李學潮問:"退之《爭臣論》得無立言過厲激烈乎?"

諷刺之文,源起《毛詩》,第變風之詞婉,變雅之詞直。後世如《王命論》班彪著、《仇國論》西晉譙周著之類,不明指其

---

① 指陸游(1125 – 1210),宋越州山陰人,字務觀,號放翁。工詩、詞、散文,亦長於史學,南渡後四大家之一。有《渭南文集》等。
② 指姚範(1702 – 1771),清安徽桐城人,字姜塢。為學沉究遺經,有《古文集》等。

人其事者,有近於風。如《北山移文》南朝齊孔稚珪著、《爭臣論》之類,明指其人其事者,有近於雅詞,固各有所當也。且是篇之末,亦以陽子①為善人,而以受盡言直言望之,則其心不失為忠厚,於此可見。迨其後陽城劾裴延齡②,論陸贄③無罪,退之復詳載於《順宗實錄》中,且極言陽子之賢,則其心之光明,無適無莫待人處事不分厚薄,沒有偏向,更可見矣。欲觀大賢之用心,必讀全書始知之,似未可泥拘泥於一時之說。

15. 李學潮問:"曾子固曾鞏《為人後議》,蓋附和濮議④而作,其説何如?"

本生父之稱,六經中僅有《儀禮‧喪服‧齊衰不杖期章》"為人後後代子嗣者,為其父母服服喪服"一語。若皇伯皇帝的伯父之稱,則無明文,且古人伯兄弟中最長者叔兄弟中排行第三者乃兄弟之稱。若伯父、叔父,則必加父字,未可但稱伯也。歐公歐陽修所見,似無可厚非。特所後父之稱父,《喪服‧斬

---

① 指陽城(736-805),唐定州北平人,字亢宗。為著作郎,上書劾裴延齡等奸佞,貶國子肄業,出為道州刺史,有善政。
② 裴延齡(728-796),唐河中河東人。戶部侍郎,益事搜括,以險偽罔上。
③ 陸贄(754-805),唐蘇州嘉興人,字敬輿。為相,廢除苛稅,後爲裴延齡所構,罷相。諡宣。
④ 濮議,宋仁宗無嗣,死後以濮安懿王允讓之子繼位,是為宋英宗。即位次年詔議崇奉生父濮王典禮。侍御史呂誨、范純仁等力主稱仁宗為皇考,濮王為皇伯,而中書韓琦等則主張稱濮王為皇考。

衰章》"為所後者之祖父母、妻、妻之父母、昆弟兄弟、昆弟之子,若等同子"即其證。既於所後者為子,則所後者即父矣。所後者既為父,而所生者亦為父。天下豈有二父乎?歐公謂父之別有五父也,所生父也、所後父也、同居繼父也、不同居繼父也,皆可稱父,此則不免於強詞奪理。何以言之?此數父者,使去其"所生"、"所後"、"同居繼"、"不同居繼"諸字,而皆渾稱統稱之曰父,以為人有五父,可乎?不可也。惟其上各加字以別之,則不特只有五父,即世父伯父、叔父亦何嘗不稱父乎?鄙意歐公當日"若言陛下由外藩諸侯王入繼大統帝位,本生父母、仁宗兄嫂亦仁宗之臣也。固不當稱皇、稱后,以干正統。即稱考對死去父親的稱呼、稱親父母,亦嫌與仁宗無別。惟有不稱皇伯,不稱皇考,亦不稱親,而曰本生考濮安懿王",則名實允符。想呂、范指呂誨、范純仁諸公,必無異議,不解當日何以語焉不詳。子固此議,亦未言及此,遂使百世後議禮者咸以為口實話柄,惜哉!

16. 甘祖謨問:"論、議、説、解、辨皆文體名**,諸體相似。其別如何?"**

此數體相近,故《古文詞類篹》清姚鼐選編的散文總集入於一類中。但論有論其理者,如韓退之《原道》、《原性》,歐陽永叔《本論》之類是也;有論其事者,如柳子厚《封建論》之類是也;有論其人者,如三蘇諸人名論是也。其所以為論者不同,其為抒己之所見則同。若辨,則主攻駁他人之説。觀退之《諱辨》、子厚《桐葉封弟辨》可見也。説與解,皆就人之所惑者表而明之,主開示指明於人。如退之《師説》,因人之不明師道為師之道而作。《龍説》、《馬説》、《獲麟解》亦有所感而託於此以告人。王介甫《復讐解》,因人不知復讐生於亂世而作。後世經解、經説,此其肇端也。議則主於一事,議其得失如何。其為私家之事,則入論辨類,退之《改葬服議》是也;其繫於國家者,則入奏議類,如退之《禘祫 dì xiá,一種祭祀禮議》、子厚《駁復讐議》是也。此四者之別也。然如子厚《晉文公問守原議》,雖名為議,實無殊於論。此正如退之《伯夷頌》、李習之《復性書》,名雖為頌、為書,而其實亦論而已,是又不可泥也。

17. 李維詢問:"《古文詞類纂》選《過秦論》三篇,次序何以與《史記》不同?"

《史記》今本,雖以末篇居前,上、中二篇居後,然《集解》錄徐廣①説云:"一本無上篇,而以末篇繼中篇後。"是則今本果為太史公之舊與否,殊不可知。《古文詞類纂》所定之序,蓋本《漢書‧陳勝項籍傳》注所引應劭②之説。劭生東京指代東漢末,既以"秦孝公據崤函崤山和函谷,皆險要關隘之固"至"仁義不施,而攻守之勢異也"為第一篇,其言自可據。故《漢書》、《文選注》,皆引此説。而《古文詞類纂》及

---

① 徐廣(352 – 425),東晉東莞姑幕人,字野民。性好學,以十二年之功撰成《晉紀》。
② 應劭,東漢汝南南頓人,字仲遠。著《漢宮儀》,又著《漢書集解》等。

曾文正公①《經史百家雜鈔》,亦以為定論。

18. 甘尚仁問:"頌與贊兩種文體大體無殊,其別何在?"

《關雎序》云:"頌者,美稱讚盛德盛美之事之形容,以其成功,告於神明者也。"故《周頌》、《商頌》皆宗廟之樂章配樂的詩詞,惟《魯頌》諸篇,則美僖公春秋魯國君之有道,後世之頌昉開始於此。若夫贊之為義,《説文》云"見也",《易注》、《書傳》並云"明也",《漢書集注》云"説也"。史家如《史記》,但於《自序》一篇論作各篇大旨,而不用韻。《漢書·敍傳》則用韻矣,而不分列各篇之末,亦不名之為贊。其名為贊,而列之篇末,自《後漢書》始,然亦美惡雜陳,不似頌之專主形容盛德也。自夏侯湛②《東方朔畫贊》、袁宏③《三國名臣序贊》乃以之倣揚子雲《趙充國頌》、陸士衡④《漢高祖功臣頌》,於是乃亦主於褒美,與頌無異矣。此二者大體相同,故《古文詞類篹》合為一類。必欲求其別,則頌義自是宏大,凡命題之重者宜用之;贊義則較狹,凡題之稍輕者

---

① 指曾國藩(1811-1872),清湖南湘鄉人,字伯涵,號滌生,謚文正。論學謂義理、考據、詞章缺一不可。其《曾文正公文集》、《經史百家雜抄》,頗行於世。

② 夏侯湛(243-291),西晉譙國譙人,字孝若。幼有盛才,文章宏富,曾著《魏書》。

③ 袁宏(328-376),東晉陳郡陽夏人,字彥伯。有逸才,文章絕美。有《竹林名士傳》等。

④ 指陸機(261-303),西晉吳郡吳縣人,字士衡。詩重藻繪排偶,駢文亦佳,有《陸士衡集》。

用之。此其不同處也。此亦如箴銘文體名。箴是規戒性的韻文；銘常刻於器物上或碑石上，用於規戒、褒贊皆主於警戒，然銘必鑴於門牖 yǒu，窗戶器物，箴則不必，然其體蓋亦微別也。

19. 甘尚仁問："錢竹汀清代史學家錢大昕《跋方望溪方苞文》云：'望溪嘗攜所作曾祖墓銘示李巨來[①]，纔閱一行，即還之。望溪恚 huì，憤怒曰："某文竟不足一寓目乎？"曰："然。"望溪益恚，請其説。李曰："今縣以桐名者有五：桐鄉、桐廬、桐柏、桐梓，不獨桐城方苞為安徽桐城人，為"桐城派"祖師也。省桐城而曰桐，後世誰知為桐城者？此之不講，何以言文？"望溪默然久之，然卒不肯改。'果有此事否？"

桐城在春秋時為桐國，即使望溪果單言桐，亦不過如今人之稱江蘇為吳、浙江為越、山西為晉、陝西為秦耳，並非省去城字而第言桐字也。況《望溪集》惟有《大父馬溪府君墓誌銘》凡四言桐城，一言皖桐，未嘗單言桐。其曾祖副使公方象乾葬繁昌地名，屬安徽，集中未有志，不知竹汀何所據而云然也。《穆堂類稿》中有與望溪《論周官》、《論三禮》、《論史記》、《論八家文》各書，其論《周官書》尾並附一跋，云：

靈皋方苞，字覆札回信云："所駁數條皆至當不易，服

[①] 指李紱 fú(1673–1750)，清江西臨川人，字巨來，號穆堂。康熙年間進士，治理學宗陸王。有《穆堂類稿》等。

甚感甚,所望於益友,正如是耳。《地官》呈教,祈破工_{希望破費你一點時間},必為我發其疵病_{缺點}之伏藏者,極知無暇,而不得不為,是懇懇_{誠摯殷切貌}惟鑒之。"蓋方君之虛懷若此,真古之學者也。

據此,則李公之直,方公之虛,皆可為後進_{後輩}法_{效法},必不如竹汀之所云也。

起鳳書院答問卷五

1. 李實秀問："西人製造最足衛國者,莫如舟車鎗礮qiāng pào,同"槍炮"。今若別開特科,以收長於西學之士,而科目則仍舊貫,何如?"

泰西西方諸國之所長,不僅在舟車鎗炮也。其所謂政治、法律、理財、外交諸學,處今日世界,何一不當講求?奈之何猶兢兢精勤於時文特指八股文、試帖科舉試帖詩,歌頌皇帝功德、小楷楷體小字,不欲廢之,以從事於實學也?夫中國所長,在於道德之純粹;泰西所長,在於政治之切實簡易、技藝之精巧。為今日謀教育之法,必合中外之學,陶以燒製陶器而喻而鎔之,以歸於一,斯為盡美、盡善。第只是國之財力、人之精力,皆不易猝立刻辦。計惟有合科舉於學堂,則人情鼓舞,上下一心,以求達於目的,而財力自不憂於乏矣。先之以普通之學,第以三五年為限,而不必太深、太久。以後便倣胡安定經義、治事兩齋之法①,使學者於中西之學各擇其

---

① 宋人胡瑗(993-1059)掌湖州府學,設立"經義"、"治事"兩齋,實行分科教學。

一,以為專門。而不必事事用力,反至於無一事之精,而精力亦不憂於不繼矣。此蓋今日一定辦法,非是不足以保固有之學,亦非是不足以取人之所長,以為吾學之助。若曰西學,但設特科,而尋常科目猶率由沿用舊章,此則非區區自稱的謙辭之所敢知矣。

2. 李學潮問:"人有恆言:父雖不父,子不可不子;君雖不君,臣不可不臣。西儒多病之,以為自有此言,為人君父者,每假之以壓制臣子,而臣子遂不克自由也。其說然否?"

此數語見《呂覽·行論篇》《呂覽》即《呂氏春秋》,其本文云:

> 昔者紂為無道,殺梅伯紂時諸侯而醢hǎi,剁成肉醬之,殺鬼侯紂時臣而脯fǔ,製成肉乾之,以禮諸侯於廟。文王流涕而咨嘆息之,紂恐其畔背叛,欲殺文王而滅周。文王曰:"父雖無道,子敢不事父乎?君雖不惠,臣敢不事君乎?孰王而可畔也?"紂乃赦之。天下聞之,以文王為畏上而哀下也。

今細繹解析之,在紂固不免為暴主。在文王事紂,其立心如此,安得不謂為忠夫?豈有一毫之可議!大抵經傳所言,非一端而已,蓋各有所當焉,但在人之以意逆志耳。是故"君視臣如土芥泥土草芥,喻微賤,則臣視君如寇讐chóu,仇

敵"。此二語若詔臣子，豈不啓其畔逆之心？而世不以之咎
責怪孟子者，以為齊宣王言之也。"父不慈，子不可不孝；君
不仁，臣不可不忠"。此二語若告君父，豈不縱其暴戾恣睢
zī suī，放縱暴戾之性？而世不以之咎文王者，以其就自處之道
言之也。若夫聖賢統五倫君臣、父子、兄弟、夫妻、朋友之間五種倫理
關係而立之極，其言則有之矣。在《論語》曰君君、臣臣、父
父、子子。在《易·家人卦》彖 tuàn，《周易》中斷卦之辭傳曰父
父、子子、兄兄、弟弟、夫夫、婦婦。《書》言敬敷傳布五教五常
之教,父義、母慈、兄友、弟恭、子孝五種倫理道德的教育。《禮》言夫婦
別、父子親、君臣嚴，又言夫婦有義、父子有親、君臣有正。
《左傳》言君義、臣行、父慈、子孝、兄愛、弟敬，又言父義、母
慈、兄友、弟共恭、子孝，又言君令而不違、臣共而不貳懷有二
心、父慈而教、子孝而箴能規諫、兄愛而友、弟敬而順、夫和而
義、妻柔而正、姑慈而從順從、婦順而婉溫順。大旨皆誘之使
各盡其道，未嘗稍有所偏也。《春秋》於弒父與君雖詳錄
之，然殺其世子、殺其弟、殺其大夫亦並書，以警天下後世
之為人君父者，甚至同一弒君，《左氏》且分釋之曰："稱君
君無道也，稱臣臣之罪也。"此其微意，惟董子知之最深。
故《太史公自序》述所聞於董生者有云：

> 有國者不可以不知《春秋》，前有讒奸邪之人而弗
> 見，後有賊危害國家之人而不知。為人臣者不可以不知
> 《春秋》，守經事而不知其宜，遭變事而不知其權。為
> 人君父而不通於《春秋》之義者，必蒙首惡之名。為
> 人臣子而不通於《春秋》之義者，必陷篡弒之誅，死

罪之名。

又云：

　　夫不通《禮義》之旨，至於君不君、臣不臣、父不父、子不子。夫君不君則犯，臣不臣則誅，父不父則無道，子不子則不孝。此四行者，天下之大過也。

其立論周密如此，西儒乃謂吾國專苛責臣子，而使君父得逞。其壓制之權，得無未觀其會通乎？

3. 李學潮問："近日為泰西之學者，謂'三綱_{君為臣綱、父為子綱、夫為妻綱，合稱三綱}'第僅，只見《禮緯》①，六經無此二字，且極言此說之流弊。亦有所見否？"

"三綱"二字，雖僅見於《含文嘉》《禮緯》三種之一。然六經論君臣、父子、夫婦之道要，不一而足。《儀禮·喪服》惟諸侯為天子、臣為君、子為父、妻為夫，皆斬衰_{五種喪服中最重的一種}三年。《樂記》又明云："然後聖人作為父子，君臣以為紀綱_{綱領}，紀綱既正，天下大定。"安得謂無所本？彼力詆之者，不過因泰西有父子、夫婦、君民同權之論，故欲去君父夫之壓制，以便為臣民子婦者得自由耳。不如_{"如"當為}

---

① 《禮緯》：七緯之一，漢代儒生假託古代聖人製造的各種依附於經的著作，包括《易緯》、《書緯》、《詩緯》、《禮緯》、《樂緯》、《春秋緯》、《孝經緯》。

"知"字所謂綱者,固將盡教養之責,而使之底於安全。初非摧折之、束縛之之謂也,何為惡之至於此極哉!善乎,日本井上哲次郎①《倫理教科書》云:

善事父母,崇敬祖先,向為東洋諸國之美風。今日西洋文物盛入我邦,而言孝者漸少,是非國家之慶事。吾人既欲採用外國之長技,亦當永保本國之美風。

又云:

萬物皆從一定秩序而運行者。一定之秩序,自須有以整理之之中心。苟無中心,則必事物互相乖離_{背離},而渾沌無別。其在太陽系,則太陽為之中心,眾星依之繞軌道而運行。又若植物之原形質_{生物之原始物質},其造一細胞,必須有可為中心之核。蟻之聚時,必戴首領;雁之行時,亦從先導。夫無生之物體,與下等之動物且然,而況為人類組織而成之國家乎?故苟為國家,必不可無統率之之君主,是誠天地自然之法則。萬人平等之説,決非可得而實行者也。

又云:

---

① 井上哲次郎(1855–1944),號巽軒,日本近代唯心主義哲學先驅,日本學院哲學奠基人。

世之人以為男之於女，同一為人。夫婦須互立於同等之地位，各執同等之職權，此非理之甚也。男女之性質與能力固有異，即僅以其身體之構造言之，而其差別亦甚明。男子骨格偉大而能堪力役，女子則不然。男為進取之人，女則保守之人也。是以保護、勇往、勞動，為男子之務。輔佐、謙讓、巽順順從，為女子之務。陰陽相和，剛柔相應之理，蓋存於茲。此即男女同權之真義也。

觀於此數條，則"三綱"二字，於天下萬世有益無損，從可知矣。

4. 李學潮問："日本儒者或言：'歐美貴獨立，故國易富強，而弊在刻薄寡恩；中國貴相扶，故俗多仁厚，而弊在委靡不振。其説然否？"

此語不可謂無所見，然以言晚近之中國則可。若夫三代以上，則貴相扶，亦未嘗不求獨立。觀《周禮》一書，於農、工、商之政，言之綦 qí,極詳，亦可以見其略矣。大抵相扶之處，多在天民人民之窮而無告者。故文王發政施仁，必先鰥寡孤獨。而《禮運》亦言："矜 guān,通"鰥"寡孤獨廢疾者，皆有所養。"然觀《王制》以上二者《禮記》篇名云："瘖 yīn,啞巴、聾、跛、躃 bì,足不能行、斷者肢體斷折者、侏儒、百工，各以其器能力食之。"《國語·晉語》亦云："戚施駝背攏持鏄 bó,樂器，蘧蒢

qú chú，殘疾不能俯視者蒙戴璆 qiú，磬，打擊樂器，侏儒扶廬矛、戟的柄，矇瞍 méng sǒu，盲人循聲，聾瞶耳聾眼瞎司火。其童昏愚昧無知、淫湎啞巴、僬僥 jiāo yáo，矮人，官司官府所不材，宜於掌土邊遠之土。"是則雖廢疾之人，猶且導之以自食其力。《周禮·秋官·掌戮》云："墨以刀刺面，染黑之刑者使守門，劓 yì，割鼻之刑者使守關，宮宮刑者使守內，刖 yuè，砍掉腳或腳趾之刑者使守囿園林，髡 kūn，剃髮之刑者使守積倉庫。"是則雖刑餘之人，猶因而用之，使效其勞，而況其他。孔子論政，必統兵食富教而兼籌之。孟子論王道，必詳陳田鹽樹畜之法，以求農耕於野、商藏於市、旅出於途。而謂子產以乘輿車濟人為惠，而不知為政。梁惠王移民、移粟指梁惠王遇水患的救災舉動，為五十步笑百步。又云"徒善不足以為政，徒法不能以自行"。聖賢經濟可大可久，夫豈煦煦和悅貌為仁，孑孑努力貌為義者所可同日而語耶？

5. 李學潮問："日本人有言：'東洋諸國，家族之義最重，故不致親疏無辨。然亦緣此，多各私所親，而不肯謀公共利益。'此論亦有所見否？"

各私其家，而不肯謀公共利益，誠為亞洲各國之病，然此亦聖賢之教不明於世之所致耳。試觀《論語》首篇即言："為人謀而不忠乎？"末篇歷敘帝王之道，而終之以公則。説他如云"己所不欲，勿施於人"，"己欲立而立人，己欲達而達人"，"修己以安人，修己以安百姓"，何嘗不視人若己，力以自私自利為戒！《大學》言平天下之道，歸於絜 xié 矩法度。《中庸》言聖人之量,極於位育參贊①。《孟子》言"善推其所為",言"擴而充之",其為齊、梁諸君陳教養斯民之法,至纖細微至悉詳盡。一部《周官》,精義皆括於其中。大抵聖賢意量宏遠,不特為一時謀公共之利益,其精神直注於千秋萬世。故周流諸國,欲行其道,既不獲遂志,遂退而著述以遺後人。今果能倡明吾學,滌晚近士大夫卑鄙齷齪之習,而一歸之於光明廣大之途,又何患四萬萬人心志不聯,無以抗外人而保同種也?嗚呼!此學之所以不可不講也夫!

6. 李學潮問:"近日學者多喜觀泰西之書,而病中國之書之不能偏通"遍"讀也,至有刪經之論。經果可刪乎?"

當今之時,泰西之書自不可不讀,泰西之學亦不可不研。然須知泰西之所以稱為文明之邦者,固以其用人行政_{管理國家事務},實有與吾六經闇 àn,同"暗"合之處。夫六經者,吾中國曩日_{以往}文明之遺跡也。合乎此則興,悖乎此則衰,此豈有古今之分,中外之隔哉?中國之書固有不必盡讀者矣。然如六經,則所謂如日月之經天,江河之行地。既經吾夫子刪訂,夫豈有敢為之增損者?況字數亦甚約。歐陽文忠公嘗謂:

---

① 《中庸》言"致中和,天地位焉,萬物育焉",此為位育;"惟天下之至誠……能盡物之性,則可以贊天地之化育;可以贊天地之化育,則可以與天地參矣",此為參贊。

《孝經》一千九百三字,《論語》一萬一千七百五十字,《孟子》三萬四千六百八十五字,《周易》二萬四千一百七字,《尚書》二萬五千七百字,《周禮》四萬五千八百六十字,《春秋左傳》一十九萬六千八百四十五字。止以中才_{中等才能}為準,若日誦三百字,不過四年半可畢。

如所言,既讀全經,亦不甚難。且必各經粗習,然後於一經之旨,乃能貫通融洽。如或天資在中人以下,而又有志西學,一時勢不能兼營。計惟有除《論》、《孟》、《孝經》必誦習外,其《詩》、《書》、《易》、《禮》、《春秋》但治其一。如昔人所云,專經者似尚愈_{勝於}於刪經之説。若夫先儒訓釋之辭,汗牛充棟,此則擇之不可不精。大抵必有關於微言大義者,始足以經世應變。其所謂不賢識小之書為益於經有限,第存以備考可也。

7. 李逢先問:"西人於日食、月食、彗星之類,皆以為可豫_{事先}推而知,不足為異。而中國聖王必因以恐懼修省_{修身反省}。何與?"

西人謂日食為月影遮地,月食為地影遮月,所遮之處,人視不見其光。至彗星之有尾,乃星頭接受日光,遂分光及其尾。且推算所行之軌道,以為皆有定期,了不關於人事之吉凶禍福。愚竊以為過矣。夫西人所長,特在於事之顯然者耳。若夫理之深隱者,彼所推測,要不能如吾聖人之精。夫吾聖人豈不知日月星之運動皆有常期哉？而必以為災異者，彼蓋以為難全易敗者，人事也，故無時不戒懼焉，無時不省察焉。未幾_{不久}而春矣，盛德在木，則為之布德、施惠焉；未幾而夏矣，盛德在火，則為之行賞、封諸侯焉；未幾而秋矣，盛德在金，則為之選士厲_{操練}兵，以征不義焉；未幾而冬矣，盛德在水，則為之賞死事、恤孤寡焉。天象變於上，人事必修於下。彼所以遇日月食、彗星見而必恐懼修省者，意亦猶是耳。不寧 _{níng,語氣助詞}惟是水也、旱也、山崩也、川竭也、地震也，皆大有害於民，固不得不以為災異也。即一祥桑①之生焉，一雉之升鼎耳②而鴝 _{gòu,鷄叫}焉，但其事稍異於常，亦必反之於身，兢兢焉，修德以勝之，夫是之謂"敬天之怒，敬天之渝_{變化}"，夫是之謂"以神道設教而天下服"，不然明知日月星之運動有常，而必制為典，則使"天子伐_{敲擊}鼓於社_{社壇,祭祀之處}，諸侯用幣_{泛指祭品}於社，伐鼓於朝"，以為是迂怪_{迂闊怪誕}之舉，亦何其不憚煩_{怕麻煩}耶？是故災異之説，必如漢儒之穿鑿附會，誠不免失之誣然。必如西人之説，悉舉而掃之，而等吾六經於郢書燕

---

① 祥桑，妖桑，不吉祥之桑。語出《竹書紀年》："太戊遇祥桑，側身修行。三年之後遠方慕明德重譯而至者七十六國。"

② 《尚書序》云："高宗祭成湯，有飛雉升鼎耳而雊。"高宗祭其太祖成湯之日，有雞飛來升祭之鼎而鳴叫，其臣祖己以爲王有失德而致此。後以"鼎耳"為勸帝王修德政的典故。

說①,則亦不得不謂之夏蟲井蛙比喻見識短淺的人矣。

8. 李逢先問:"西儒每以吾教祭禮為非,其説謂鬼神之來格來臨來享饗,請鬼神享受祭祀,殊不可知,是偽也。且人食日必再三二次或者三次,而祖考祖先則終年不過三四祭,鬼而有知,不其餒飢餓而？此論何如？"

此不足與辨也。孔子曰:"之死而致死之以物送葬於死者,不仁而不可為也;之死而致生之以物送葬於死者,雖死猶生,不智而不可為也。"語出《禮記·檀弓》夫祖考死而必祭也,此仁道也;祭不欲數也,則智道也。《檀弓》不云乎:"始死,脯 fǔ,肉乾、醢 hǎi,肉醬之奠,將行葬,遣而行之,既葬而食使鬼神享受祭品之。未有見其饗宴飲之者也。自上世遠古時代以來,未之有舍廢也,為使人勿倍也。"又曰:"祭祀之禮,主人自盡焉。"爾豈知神之所饗,亦以主人有齋敬之心也。《郊特牲》亦曰:"腥生肉、肆全牛全羊祭祀、爓 xún,燙過的肉、腍 rěn,熟肉祭。"豈知神之所饗也,主人自盡,其敬而已矣。其尤沈痛深切的悲痛者,則《問喪》以上三者皆《禮記》篇名所云"祭之宗廟祭祀祖宗的廟宇,以鬼祖先享之,僥幸復反回覆也"數語,苟知諸條之義,則知祭之必不容難免已矣,夫何可訾 zǐ,非議之！且夫先王之制,喪禮也,由殯死者入殮停柩待葬而葬,而虞葬後祭,以安神,而卒

---

① 《韓非子·外儲說左上》:"郢人有遺燕相國書者,夜書,火不明,因謂持燭者曰:'舉燭',云而過書'舉燭'。舉燭,非書意也。燕相受書而說之,曰:'舉燭者,尚明也;尚明也者,舉賢而任之。'燕相白王,王大悅,國以治。治則治矣,非書意也。"後以"郢書燕說"比喻曲解原意,以訛傳訛。

哭百日祭後,止無時之哭,變為朝夕一哭,而祔 fù,將死者神位附於先祖旁,而練孝子穿練過布帛的周年之祭,而祥滿一年或兩年而祭,而禫除喪服的祭祀,以至於吉祭三年喪畢,奉神主入宗廟。始終養人之哀心,而勿使之衰。故葬則曰:"其往也如慕小兒思念父母的啼哭聲,其反也如疑指懷疑親人是否會歸來。"反哭喪主捧神主歸而哭則曰:"哀之至也,反而亡焉,失之矣,於是為甚指哀痛之深。"又曰:"入門而弗見也,上堂廳堂又弗見也,入室又弗見也,亡矣喪矣,不可復見已矣。"免喪守孝期滿,除去喪服則曰:"行於道路,見似目瞿 jù,驚懼,聞名心瞿,吊死祭吊死者而問疾探問疾病者,顏色戚容憂傷的容色必有以異於人也。"其至誠惻怛哀傷為何如也?其制為祭禮也。由筮 shì 日卜筮之日而筮尸,而宿尸,而迎尸迎接象徵死者神靈而受祭的人,而獻尸向代表死者受祭的人貢獻祭品,以至於告利成。始終養人之敬心,而勿使之衰。故齊之日則曰:"思其居處,思其笑語,思其志意,思其所樂,思其所嗜,齊三日,乃見其所為齊相同者。"祭之日則曰:"洞洞恭敬虔誠貌乎其敬也,屬屬專心謹慎貌乎其忠也,勿勿勤懇不懈貌乎其欲其饗之也。"其至誠惻怛又何如也?故《經解》曰:"喪祭之禮,所以明臣子之恩也。"又曰:"喪祭之禮廢,則臣子之恩薄,而倍背棄死忘生者衆矣。"周孔之教,其所以立人道之極者,全在於此等處。使西儒虛心繹解析吾聖人之説,安知不有怡然喜悅貌渙然明白之一旦某一日耶?

9. 李逢先問:"古人謂地方古人的一種地理觀念,認為地呈方形,而西人則以為圓;古人謂地靜,而西人則以為動。此論何如?"

古人言天圓地方，此出於蓋天—種天體學說，認為天如斗笠，地如方盤家。其說謂"天似蓋笠，地法覆槃同"盤""。又云"天圓如張蓋打開的傘蓋，地方如棋局棋盤"。若渾天—種天體學說，認為天地渾圓如鳥卵家說則不然，如云"天如鷄子鷄蛋，地如鷄子中之黃"，則是天圓而地亦圓也。又云"天地各乘氣而立，載水而行"，則是天動而地亦動也。其言見《尚書疏》及《晉書·天文志》，甚詳。今試以《易》證之。如《說卦傳》既云"乾指天為圓"，而不云坤指地為方。《文言傳》雖云"德天地育化萬物的功能方"，然不云形方，是則地之形固非方矣。《繫辭傳》雖云"動靜有常，剛柔斷矣"。《文言傳》亦云"至靜"。然《繫辭傳》又云"夫乾，其靜也專專一，其動也直率直，是以大剛大的氣魄生焉。夫坤，其靜也翕收斂，其動也闢開闊，是以廣寬柔的氣質生焉"。是則天固動，未嘗不靜；地固靜，而亦未嘗不動矣。又《尚書》言天，莫詳於《帝典》，其曰："在璿璣玉衡古代測天儀器，以齊七政①。"鄭康成以渾天儀觀測天體位置的儀器釋之，是則渾天家之說肇開始於中天②，實視宣夜宇宙學說之一，主張天無一定形狀，日月星辰動和靜都依靠氣，周髀即蓋天說兩家

---

① 七政，古代天文術語，說法不一，此處應指日、月和金、木、水、火、土五星。

② 中天，天文學名詞。天體經過觀測者的子午圈，每天經過兩次，離天頂較近的一次叫"上中天"，離天頂較遠的一次叫"下中天"。

為可據。故揚雄、張衡①、蔡邕②、鄭康成、陸績③、王肅，以至於朱子，皆信之。尤可見地之必為鷄卵之黃，而不似覆槃棋局矣。若夫《大戴禮》載曾子答單離居_{曾子弟子,當作"單居離"}，天圓地方之問云："天之所生上首_{動物的頭在上端}，地之所生下首_{植物的根在下端}，上首之謂圓，下首之謂方。如誠天圓而地方，則是四角之不掩也。"又云："參_{指曾參}聞之夫子曰：'天道_{特徵和規律}曰圓，地道曰方。'"其論地形之圓，尤為明顯。所云"地道曰方"，此"道"字猶文言之"德"字，皆指性情言，不指形質言。善乎！《曆象圖説》曰："萬象皆出於圓，況地凝_{形成}天中，焉得不與之應。"又曰：

> 天地對言，蓋亦以道相配，實則天大地小，以天視地，不過一撮_{指少量}。其四方上下，去天極闊，而其度數_{以度為單位量得的數目}道里_{長度}，皆均非能橫亙_{橫跨}其中，與天相際也。然地形雖圓而小，而人周圍附居，隨所立以望四遠。目力所極，皆適得圓形之半。則雖圓而與平體不二，雖小而與際天之理不殊。就一處窺天，一方立法，雖謂之地平可也。

---

① 張衡(78-139)，東漢南陽西鄂人，字平子。通天文、陰陽、曆算，制渾天儀、地動儀。有《張河間集》。

② 蔡邕(132-192)，東漢陳留圉人，字伯喈。博學，好辭章、算術、天文。有《蔡中郎集》。

③ 陸績(188-219)，三國吳吳郡吳人，字公紀。識星曆算數，作《渾天圖》。

此兩條所論皆精，夫地對天不過，朱子曾有是言："今人以天地並言者，不過因一覆於上，一載於下耳。"固不必謂地之大同於天也，此亦如古人以日月並言，不過因一晝一夜同為懸象_{天象}著明耳。其實月小於地，日之大視地，不可以道里計，又安能謂二者大小必相符也？

10. 梁望洵問："近年各報館多傷心於政府壓制，求伸民權。其甚者，乃有革命流血等說。果可信否？"

今日時勢危迫至此，各報詆政府為敷衍、為顢頇_{mán hān,糊塗而馬虎}、為腐敗，吾誠不能為袞袞_{眾多貌}諸公解免。但如革命流血諸說，揆_{kuí,揣度}諸孔子"默_{靜默}足以容"，"為下不倍_{身居下位不違理背道}"，"危行_{行為正直}言孫_{言語謙遜}"，"卷而懷之_{指隱居}"等語，則皆不合。使孔子非聖人則已，孔子而聖人也。當此風潮正盛之日，豈可更揚其波哉？且彼之所以為是言者，不過曰外人之侵我已甚，今之政府既不能庇我，勢非合國民為團體，不能保種。是則然矣，然果如此，則今日所最急者，莫如教育一事。與其救以空言，何如父詔_{教導}其子兄，勉其弟，有財者輸_{捐獻}其財，有力者効其力。由村而鄉，而縣，而府，而省，遍開學堂，精選教習，以導我少年，以張我國力，合群之道，孰大於斯？彼政府雖敷衍，雖顢頇，雖腐敗，然亦不過不能提倡整頓耳。萬不至舉明降諭旨之事，並民捐民辦而亦阻之。顧何以二十二行省辦此者廖廖也？舍此不務，縱談平等、談自由，於世局何所補乎！夫外人侵我，而我拒之不勝，至於流血，此大不幸之事也。

今不待人侵,而先為革命之說以聳民聽民眾的輿論。設使內變迭起,外人從而乘之。小則干預平亂之事,以圖要索勒索;大則瓜分吾土,以收漁人之利。吾恐流血之慘,將有不旋踵立即而即見者。雖欲變法,亦豈尚能待我之變?故鄙意士君子處今日,惟當講明學術,以忠孝為根本,以名節為藩籬屏障,去私心以全公德,戒空言而求實效。果學堂大興,人才漸眾,安見今日敷衍、顢頇mán hān,糊塗而馬虎、腐敗之政府?異日用得其人,不可易為赤心報國之政府乎?各報過激之語,在上位者固不妨視同師箴、瞍瞎子賦、矇盲人誦,藉資省察。若士人,要當有所審擇,而不可一概信之。斯實今日持身涉世之一大關鍵也已。

左傳義法

清·方望溪　口授
清·王兆符　程　崟　傳述
林久貴　校注

校注說明

方苞(1668-1749),字鳳九,一字靈皋,晚號望溪,安徽桐城人。清代散文家,與姚鼐、劉大櫆合稱"桐城三祖"。官至禮部右侍郎。方苞的高祖方大美、曾祖方象乾、祖父方幟,均曾任明朝地方官吏。至父方仲舒,家境開始敗落,後入贅江蘇六合縣留稼村吳勉家,生育三子:長子方舟,次子方苞,幼子方林。

方苞自幼聰穎,熟讀經史。16歲開始參加科舉考試,32歲考取江南鄉試第一名,38歲考取進士第四名。時母病回鄉,未應殿試。44歲時,因給戴名世《南山集》作序,被株連下江寧縣監獄,判為死刑。後因重臣李光地極力營救,始得康熙皇帝親筆批示"方苞學問,天下莫不聞",遂免死出獄,以平民身份入南書房作皇帝的文學侍從。康熙六十一年(1722),充武英殿修書總裁。雍正十一年(1733),升內閣學士,任禮部右侍郎。乾隆四年(1739),被譴革職,仍留三禮館修書。乾隆七年(1742),因病告老還鄉。從此,他在家閉門謝客著書。乾隆十四年(1749)病逝,年82歲。

方苞是清代桐城派散文的創始人,他繼承歸有光"唐宋派"古文傳統,據《史記·十二諸侯年表序》所謂孔子"約其辭文,去其煩重,以制義法",提倡寫古文要重"義法"。他說:"'義'即《易》之所謂'言有物'也;'法'即《易》之所謂'言有序'也。義以為經而法緯之,然後為成體之文。"《又書貨殖傳後》"義"指中心,即正統的基本觀點;"法"指表達中心或基本觀點的形式技巧,包括結構、條理、修辭等。"義"與"法"一經一緯,相輔相成,即內容與形式必須統一。他的"義法"觀點,為桐城派散文理論奠定了基礎,他也因此被稱為桐城派的鼻祖。

方苞的主要著述有《周官集注》13卷、《周官析疑》36卷、《考工記析疑》4卷、《周官辯》1卷、《儀禮析疑》17卷、《禮記析疑》46卷、《喪禮或問》1卷、《春秋比事目錄》4卷、《詩義補正》8卷,《左傳義法舉要》、《史記注補正》、《離騷正義》各1卷,《奏議》2卷、《文集》18卷、《集外文》10卷、《補遺》14卷。而《獄中雜記》、《左忠毅公逸事》、《與李剛主書》等,是其散文名篇。

《左傳義法舉要》是方苞以舉例形式專門講述《左傳》文辭義例的書籍,由他口授,門人王兆符、陳崟 yín 記錄並傳述。

對於《左傳》,歷代學者多從經學的角度進行研究,而方苞作為桐城派的開創者,倡導寫古文要重"義法",故他以舉例形式,講述了《左傳》"義法"的大要,其門人因之成《左傳義法舉要》一書。

該書體例為:先錄《左傳》原文,並取一標題,如開篇是"齊連稱、管至父弒襄公";每篇後是方苞總結性的講述文字;並且在大多數原文中還有方苞的隨文點評文字。全書一共選取了《左傳》中六段文字加以講述,主要涉及《左傳》行文的"隨地異形,變化無方"、"一義相貫,融洽無間"、"旁見側出,不可端倪"、"兩兩相映,如錦繡組文"以及"脈絡"、"樞紐"、"詳略"、"反對"、"相應"、"生氣"、"變化"、"收攝"等技法。因此,《左傳義法舉要》一書,對於我們瞭解《左傳》文辭義例及古文寫作當有助益。

此次整理,以廣文書局印行之《國學珍籍彙編》本1998年6月再版為底本,而《國學珍本彙編》本又據《蓉園叢書》本清張丙炎輯、清張允頤重輯,清同治中真州張氏廣東刊,1913年重修印本影印。書後有"楞伽山人記"及"李光廷識"各一篇。楞伽山人為清人王芑 qǐ 孫

(1755－1817)的別號。王"記"寫于清嘉慶庚午(1810),據稱,《舉要》一書為其"先大父"即祖父王世琪從鍾勵暇為方苞高弟處"借本鈔存"。當時芭孫"猶未成童",而芭孫寫"記"之時,年已56歲,"齒髮皆衰"。念該書是其祖父60多歲且右臂"筋骨受病"時所鈔,加之"紙本亦漸微壞",因"書以視後人,是知寶惜"。清光緒戊寅(1878),李光廷(1812－1880)又附"識"文一篇於書後。李氏以為,方苞在該書中的小批,"單言文法,不說經義,應歸集部。以《左傳》文多,故置於此"。還說:"望溪先生以古文鳴一代,其中必有卓見。而謂古人之法確是如此,則恐為然。"但王芭孫之祖父王世琪"六十餘歲,猶尚手錄,則深嗜是書矣",也說明此書自有其價值。

校注者除對全篇文字作句讀校勘外,還就疑難字詞及地理、人物等作簡明注釋,注文用小五號字表示。正文中,方氏所錄《左傳》原文,用小四號字標示;方苞總結性講述文字,較《左傳》原文退二格處理;《左傳》原文中方苞之隨文點評文字,用小五號字標示,外加括號,以與校注者注文區別。

一、齊連稱、管至父弒襄公

　　齊侯_{齊襄公}使連稱、管至父_{連稱、管至父，人名，皆為齊大夫}戍_戍守葵丘_{地名，在今山東臨淄西}，瓜時_{七月瓜熟之時}而往，曰："及瓜而代_{到明年瓜熟時節，就派人替代}。"期 jī，一周年戍，公問_{襄公的遣代命令}不至。請代_{請求派人來代替}，弗許。故謀作亂。

　　僖公_{齊僖公}之母弟_{同母所生的弟弟}曰夷仲年_{名年，夷是其字或諡，仲是其行第}，生公孫無知，有寵於僖公，衣服禮秩_{禮數品秩，指無知所享受的待遇}如適 dí，同"嫡"，襄公絀 chù，同"黜"，減削、貶低之。二人_{指連稱、管至父}因之以作亂。

　　連稱有從妹_{叔伯妹妹}在公宮_{在齊襄公宮中為妾}，無寵，使間 jiàn，窺探公。曰："捷_{事成，即謀殺襄公成功}，吾以女_{同"汝"}爲夫人。"

　　冬十二月，齊侯游於姑棼 fén，齊地名，在今山東博興附近，遂田_{打獵}於貝丘_{齊地名，在今博興南}。見大豕 shǐ，這裏指野豬，從者曰："公子彭生也。"公怒，曰："彭生敢見！"射之，豕人立_{像人一樣站立}而啼。公懼，隊_{同"墜"}於車，傷足，喪屨 jù，古時用麻、葛等制成的鞋。反_{同"返"}，誅_{追問屨}於徒人_{即侍人}費，弗得，鞭之見血。走出，遇賊於門，劫而束之。費曰："我奚_{何，哪裏會}禦_{抵禦}哉？"袒 tǎn，脫下衣服而示之背，信之。費請先入。伏公將齊襄公隱藏起來而出鬥dòu,同"鬥",死於門中。石之紛如齊襄公的侍人死於階下。遂入,殺孟陽齊襄公的侍人於牀,曰:"非君也,不類不像,指孟陽不像齊襄公!"見公之足於戶下,遂弒之,而立無知。此篇文字見《左傳·莊公八年》

左氏左丘明之文,有太史公司馬遷不能及者。如此篇,謀亂之始,連稱、管至父與無知交,何由合?何以深言相結而爲亂謀?連稱如何自言其從妹?何由通無知之意於宮中而謀伺襄公之間?若太史公爲之,曲折敘次,非數十百言莫備。此但以"因之作亂"及"使間公"二語隱括剪裁概括,而其中情事,不列而自明。作亂之時,連稱之妹如何告公出之期?無知與連、管何以部署其家衆?何以不襲公於外而轉俟sì,等待其歸?何以直入公宮而無阻間?非數十百言莫備。此則一切薙芟 tì shān,刪除,直敘公田及徒人費之鞭,而以走出,遇賊於門,遙接作亂,騰躍而入,匪夷所思。費入告變,襄公與二三臣倉皇定謀,孟陽如何請以身代?諸臣何以伏公於戶下?費與石之紛如如何相誓同命以禦賊?非數十百言莫備。此獨以"伏公而後出鬥"一語隱括,而其中情事,不列而自明。其尤奇變不測者,後無一語及連稱之妹,而中間情事皆包孕於"間公"二字,蓋弒謀所以無阻,皆由得公之間也。

二、韓之戰

晉侯此指晉惠公之入也,秦穆姬屬同"囑"賈君太子申生之妃焉,且曰:"盡納群公子晉獻公諸子"。晉侯烝zhēng,下淫上,指和母輩通奸於賈君,又不納群公子,是以穆姬怨之。晉侯許賂中大夫指晉國當時的執政大夫,如里克等,既而皆背之。賂秦伯以河外指黃河以南列城五,東盡虢guó略晉地名,今河南嵩縣西北,南及華山,內及解xiè梁城晉地名,在今山西臨晉南。既而不與。晉饑,秦輸之粟;秦饑,晉閉之糴dí,買進糧食。拒絕秦買糧。故秦伯伐晉。(備舉晉侯失德,而束以"故秦伯伐晉"。通篇脈絡,皆總會於此。)

卜徒父秦國卜官筮占卜之,吉:"涉河,侯晉侯車敗。"詰追問之。對曰:"此大吉也。三敗,必獲晉君。其卦遇《蠱》gǔ,卦名,卦形為巽下艮上,曰:'千乘三去,三去之餘,獲其雄狐。'此為爻詞。古人喜歡以雄狐比喻君王夫狐《蠱》即雄狐筮得《蠱》卦,必其君也。《蠱》之貞,風也;其悔,山也內卦為貞,外卦為悔。《蠱》卦為《巽》、《艮》兩卦所構成,《巽》為內卦為風,《艮》為外卦為山。歲云語助詞,無義秋矣,我落其實,而取其材,所以克也。實落、材亡,不敗何待？"①

三敗及韓晉國三次戰敗，退到韓地。（方敘秦筮伐晉，忽就筮辭"敗"字突接"三敗及韓"，以敘事常法論之，爲急遽而無序，爲衡決而不安。然左氏精於義法，非漢、唐作者所能望，正在此。蓋此篇大指在著惠公爲人之所棄，以見文公爲天之所啓，故敘惠公愎諫失德甚詳而戰事甚略。正戰且不宜詳，若更敘前三戰三敗之地與人，則臃腫而不中繩墨。宋以後諸史，冗雜庸俗，取譏於世，由不識詳略之義耳。）晉侯謂慶鄭曰："寇深矣，若之何？"對曰："君實深使敵深入之，可若何？"公曰："不孫同'遜'！"卜右，慶鄭吉。弗使。（愎諫違卜，自取覆亡。承上敗德，下與詩辭相應。）步揚人名，姬姓，晉公族郤氏之後禦戎，家僕徒晉大夫爲右。乘小駟，鄭入獻納也。"慶鄭曰："古者大事指戰爭，必乘其產一定用本國的馬駕車。生其水土，而知其人心；安其教訓，而服習"服"與"習"爲同義雙音詞其道道路。唯所納之，無不如志。今乘異產非本國所產，以從戎事，及懼而變，將與人易與人意違反。亂氣狡憤狡戾憤懣，陰血身內之血周作，張脈僨 fèn 興"僨"與"興"為同義雙音詞，意為沸起，外強中乾。進退不可，周旋不能，君必悔之。"弗聽。

九月，晉侯逆秦師，使韓簡晉大夫韓萬之孫視師。復曰："師少於我，鬭士倍我。"公曰："何故？"對曰："出因其資，入用其寵，饑食其粟，三施恩惠而無報，是以來也。今又擊之，我怠秦奮，倍猶未也。"公曰："一夫不可狃 niǔ，輕侮，況國乎！"遂使請戰，曰："寡人不佞不才，能合其衆而不能離也。

---

① 楊伯峻云："巽爲內卦，自秦言之，代表本國；艮爲外卦，代表敵國。秦為風，晉為山，風經山上，故附會有落實取材之象。"說見《春秋左傳注》第一冊第 354 頁，中華書局 1981 年 3 月第 1 版。

君若不還,無所逃命。"秦伯使公孫枝對曰:"君之未入,寡人懼之;入而未定列定君位,猶吾憂也。苟列定矣,敢不承命。"韓簡退曰:"吾幸而得囚。"

壬戌十一月十四日,戰於韓原,晉戎馬還盤旋濘而止。公號慶鄭向慶鄭呼號求救。慶鄭曰:"愎 bì 諫不聽勸諫違卜,固敗是求,又何逃焉?"遂去之。梁由靡禦韓簡,虢射爲右,輅 lù,古代的一種大車。此為"迎戰"的意思秦伯,將止獲,俘虜之。鄭以救公誤之,遂失秦伯。秦獲晉侯以歸。(削盡枝葉,以詳敘晉侯之獲,則重膇①失文律也。)晉大夫反首披頭散髮拔舍拔出帳篷從之(以上敘晉侯,無一事一言之在於德,見其自取敗亡。以下敘晉群臣,凜凜有生氣,所以能歸其君)。秦伯使辭焉,曰:"二三子何其慼同"慽",憂慮也!寡人之從君而西也,亦只晉之妖夢是踐,豈敢至?"晉大夫三拜稽首 qǐ shǒu,古時一種跪拜禮,叩頭至地,是九拜中最恭敬者曰:"君履后土而戴皇天,皇天后土實聞君之言,群臣敢在下風。"

穆姬聞晉侯將至,以太子罃秦康公、弘公子與女簡璧登臺而履薪踩著柴草,示欲自焚焉。使以免服衰絰 dié,喪服逆,且告曰:"上天降災,使我兩君匪通"非",不,不是以玉帛皆諸侯會盟朝聘之禮物相見,而以興戎。若晉君朝以入,則婢子夕以死;夕以入,則朝以死。唯君裁之!"(穆姬本怨晉侯,及被獲,又以死免之,著穆姬之知義,正與晉侯之敗德反對。)乃舍諸靈臺。

大夫請以入。公曰:"獲晉侯,以厚歸也;既而喪歸,焉用之?大夫其何有何得焉?且晉人慼憂同義雙音詞以重我,天地以要約束我。不圖晉憂,重加重其怒也。我食吾言,背天

---

① 重膇:膇,zhuì,腳腫。重膇,意為臃腫。

地也。重怒,難任當;背天,不祥,必歸晉君。"(秦伯務德。)公子縶zhí曰:"不如殺之,無聚慝tè,邪惡焉。"子桑曰:"歸之而質其大子,必得大成大有利的媾和條件。晉未可滅,而殺其君,只以成惡。且史佚人名有言曰:'無始禍,無怙hù,恃亂人之亂以為己利,無重怒。重怒,難任;陵人,不祥。'"乃許晉平。

晉侯使郤乞晉大夫告瑕呂飴甥晉大夫,且召之。子金瑕呂飴甥的字教之言曰:"朝國人而以君命賞。且告之曰:'孤雖歸,辱社稷矣,其卜貳圉也占卜定日立子圉為國君。'"眾皆哭。晉於是乎作爰田改革田制。(晉侯本以背中大夫之賂,失眾心,故假晉侯之命作爰田以要結之。)呂甥即瑕呂飴甥曰:"君亡之不恤,而群臣是憂,惠之至也,將若君何?"眾曰:"何為而可?"對曰:"征繕征收賦稅,修理甲兵以輔孺子指子圉。諸侯聞之,喪君有君,群臣輯睦和睦,甲兵益多。好我者勸,惡我者懼,庶有益乎!"(晉人凜凜有生氣。未戰之前,人皆知君之敗;既敗之後,人皆欲君之歸。又與前反對。)眾說同"悅",晉於是乎作州兵改革兵制。

初,晉獻公筮嫁伯姬於秦(筮嫁穆姬,何以追敘於此?以時惠公方在秦,有史蘇之問與對也。舍此,更無可安置處。觀此,則知古人敘事,或順或逆,或前或後,皆義之不得不然。),遇《歸妹》卦名,《兌》下、《震》上,女嫁之卦之《睽》卦名,《兌》下《離》上,怪離之象。史蘇晉國主占卜的史官占之,曰:"不吉。其繇曰:'士刲kuī,屠宰羊,亦無衁huāng,血也;女承筐,亦無貺kuàng,贈、賜也①。西鄰指秦國責言,不可賞也;《歸妹》之《睽》,猶無相無助也。'《震》之變為《離》,亦《離》之《震》。'爲雷《震》為雷爲火《離》為火,爲嬴秦國之姓敗姬晉國之姓;車《震》為車說同"脫",毀折其輹fú,古時大車下勾連車箱底板和車軸的部件,其狀如伏兔,火《離》為火焚其旗,不利行師出兵,敗於宗丘韓原的別名。《歸妹》《睽》孤(《睽》孤亦與晉侯失德而外內無親相應,筮占又與前筮占相映),寇張之弧木弓。姪其從姑,六年其逋bū,逃亡,逃歸其國晉國,而棄其家,明年指子圉逃歸的第二年其死於高梁晉邑,在今山西臨汾東北之虛。'"及惠公在秦,曰:"先君若從史蘇之占,吾不及此夫!"韓簡侍,曰:"龜,象也卜用龜,燒灼而出兆,視兆象以測吉凶;筮,數也筮用蓍草,揲以為卦,由蓍策之數以見禍福。物生而後有象,象而後有滋生長、繁衍,滋而後有數。先君之敗德,及可數乎不可盡數?(通篇言晉侯敗德,而以史蘇語出之,則稱先君。是謂變化無方。)史蘇是占,勿語首助詞,無義從何益!《詩》曰:'下民之孽,匪降自天。僔沓zūn tà 背憎,職競由人。'此為《詩·小雅·十月之交》文,意為百姓的災禍,不是從天下降。當面奉承,背後怨恨,都是由人而生。"(晉侯先事而敗德,臨事而失謀,孽由己作。"作",通篇關鍵。)

十月,晉陰飴甥人名會秦伯,盟於王城地名,今陝西大荔東。

秦伯曰:"晉國和乎?"對曰:"不和。小人恥失其君指晉

---

① 楊伯峻云:"《周易·歸妹》上六爻辭云:'女承筐,無實;士刲羊,無血。'以筐、羊為韻,實、血為韻,此則共以羊、血、筐、貺為韻。無貺,意猶無實,無實,故無所貺也。《歸妹》爻辭多言婚姻,此蓋亦言婚姻,且獻公此筮亦問婚姻。刲羊而無血,承筐而無實,故言不吉,《易》亦云'無攸利'。"說見《春秋左傳注》第一冊第363頁。

惠公被俘而悼喪其親指將士戰死，不憚征繕以立圉也，曰：'必報讎，寧事戎狄。'君子愛其君而知其罪，不憚征繕徵收賦稅，整頓武備以待秦命，曰：'必報德，有死無二。'以此不和。"（晉人凜凜有生氣。）秦伯曰："國謂君何？"對曰："小人慼，謂之不免；君子恕，以爲必歸。小人曰：'我毒秦，秦豈歸君？'君子曰：'我知罪矣，秦必歸君。貳而執之，服而舍之，德莫厚焉，刑莫威焉。服者懷德，貳者畏刑，此一役也，秦可以霸。納而不定納惠公而不能使其君位安定，廢而不立，以德爲怨，秦不其然。'"秦伯曰："是吾心也。"改館晉侯，饋七牢焉以諸侯之禮待晉侯。

蛾析晉大夫謂慶鄭曰："盍行乎？"對曰："陷君於敗，敗而不死，又使失刑，非人臣也。臣而不臣，行將焉入？"（慶鄭不敢逃死與陷君於敗反對，將死之言順與諫君之語犯反對。）十一月，晉侯歸。丁丑二十九日，殺慶鄭而後入。（結正慶鄭之罪，又見晉侯困辱而無能改德，所以爲外內所棄，而重耳由是興也。）

是歲，晉又饑，秦伯又餼xì，贈送之粟，曰："吾怨其君，而矜jīn，憐憫其民。（秦伯務德，又與篇首輸粟相抱。）且吾聞唐叔之封也，箕子①曰：'其後必大。'晉其庸可冀乎？姑樹德焉，以待能者。"（此篇著惠公所以敗，爲重耳之興張本，至此始點明。卻於秦伯輸粟出之，是謂變化無方。秦伯樹德與晉侯歛怨反對，箕子之言與史佚之言相

---

① 箕子，商朝貴族，末代王帝辛（商紂王）的叔父，原名胥餘，因封於箕，爵為子，故稱箕子，與比干、微子並稱"商末三賢"。箕子是殷末周初"占卜"宗師，其專職是占卜陰陽、觀測天象、授時制曆，並以此指導國家的農事、漁牧或出征討伐活動。箕子觀測天象的地方據說在他的封地"箕"地（今山西陵川箕子山）。

映。)於是秦始徵徵稅晉河東，置官司統治、管理焉。（又抱篇首"賂秦伯以河外列城五，既而不與"。）此篇文字見《左傳·僖公十五年》

左氏長篇，多於篇首總挈綱領，而隨地異形，其變化無方。此篇晉惠公以失德致敗，篇首具矣。而中間愎諫違卜，臨事而失謀，則非平昔敗德所能該包括也。故因韓簡之論占，忽引《詩》以要逭 huàn，更迭前後。而篇中所載惠公之事與言，細大畢舉矣。且失德失謀以致敗由人，則守義好謀而轉敗以爲功亦由人。並晉群臣之感 qī 憂憂愁以從君，惕號驚恐呼號以致衆，馳辭執禮以喻秦，皆一以貫之。而慶鄭之孽由己作，亦包括無遺矣。敘事之文，義法精深至此，所謂出奇無窮。雖太史公司馬遷、韓退之韓愈不過能仿佛其二三，其餘作者皆無階而升表示能力不及。

三、城濮之戰

二十八年春，晉侯將伐曹_{都城在今山東定陶}，假道_{借道}於衛_{都城在楚丘，今河南滑縣東六十餘里}。衛人弗許。還，自南河_{即南津，在河南淇縣南、延津北，河道今已湮沒}濟，侵曹伐衛。正月戊申_{九日}，取五鹿_{衛地，在今河南濮陽南}。二月，晉郤縠卒，原軫 zhěn。_{即先軫，原為其食邑}將中軍，胥臣佐下軍，上同"尚"德也。"（德字直貫篇末。能以德攻，晉侯惟有德，故能上德也。）晉侯、齊侯盟於斂盂_{衛地，在今河南濮陽東南}。（經書晉侯、齊師、宋師、秦師及楚人戰於城濮，而傳於戰止列晉之三軍，故具詳齊侯之合於晉，爲二卿以師從張本，且明三國之師分隸晉之三軍，與鄢陵之戰鄭伯自爲一軍異也。）衛侯請盟，晉人弗許。衛侯欲與楚，國人不欲，故出其君，以說_{同"悅"}，討好於晉。衛侯出居於襄牛_{衛地}。

公子買戍衛，楚人救衛，不克。公懼於晉，殺子叢_{公子買之字}以說焉。謂楚人曰："不卒戍也。"（此節於篇法爲駢枝，以《左傳》義兼釋經故也。而書公之懼晉，又爲公與踐土之盟張本。）

晉侯圍曹，門_{名詞動用，攻門}焉，多死。曹人尸諸城上，晉侯患之。聽輿人之謀（晉惟有德有禮，故能集衆謀，所以勝也。）曰①："稱舍於墓宿營於曹人墓地。"師遷焉。曹人凶懼恐懼，爲其所得者，棺而出之。因其凶也而攻之。三月丙午，入曹，數數其罪之以其不用僖負羈，而乘軒者大夫以上乘軒車三百人也，且曰"獻狀"②。令無入僖負羈之宮，而免其族，報施也。（亦見晉侯有禮有德而報施，又與避三舍以報楚之施相映。）魏犫chōu、顛頡怒，曰："勞之不圖，報於何有！"爇ruò，燒僖負羈人名，曹國大夫氏。魏犫傷於胸，公欲殺之而愛惜其材。使問使人饋送東西，且視之。病傷重，將殺之。魏犫束胸見使者，曰："以君之靈威靈，不有寧也不因病而自安寧！"距躍向上跳三百虛數，言跳躍次數之多，曲踊yǒng，向前跳三百，乃舍之。殺顛頡以徇xùn，示眾於師，立舟之僑人名以爲戎右。

宋人使門尹般宋大夫如晉師告急。公曰："宋人告急，舍之則絕，告楚不許。我欲戰矣，齊、秦未可，若之何？"（帶出秦人。蓋晉本救宋，宋以師從不待言，而秦之合於晉，不可畧也。）先軫曰："使宋舍我而賂齊、秦，藉之告楚。我執曹君，而分曹、衛之田以賜宋人。楚愛曹、衛，必不許也。喜賂、怒頑，能無戰乎？"公說，執曹伯，分曹、衛之田以畀bì，給宋人。

楚子入居於申，使申叔去穀，使子玉去宋，曰："無從晉師！晉侯在外，十九年矣，而果得晉國。險阻艱難，備嘗之矣；民之情真實僞，盡知之矣。天假之年，而除其害，天之所

---

① 楊伯峻《春秋左傳注》本"謀"下無"曰"。見該書第一册第452頁注文。

② 獻狀：古有多種解釋，其一爲清人惠棟之說，認爲"獻狀，謂觀狀也。先責其用人之過，然後誅觀狀之罪，以視非惡報也"，楊伯峻認爲此說較有據。

置,其可廢乎!《軍志》古兵書曰:'允當則歸。'又曰:'知難而退。'又曰:'有德他本此處有"者"字不可敵。'此三'志'者,晉之謂矣。"子玉使伯棼楚人鬬椒字伯棼請戰,曰:"非敢必有功也,願以間執堵塞讒慝之口(無禮之言)。"王怒,少與之師,惟西廣、東宮與若敖之六卒一卒三十乘,六卒一百八十乘實從之。

子玉使宛春楚大夫告於晉師曰:"請復衛侯而封曹,臣亦釋宋之圍。"子犯曰:"子玉無禮哉!(子玉無禮,於子犯發之。)君取一指僅得宋圍之釋,臣取二得復衛、封曹兩事,不可失時不可失,必與之戰矣。"先軫曰:"子與許可之!定人之謂禮。楚一言而定三國,我一言而亡之。我則無禮,何以戰乎?(上德之言。)不許楚言,是棄宋也;救而棄之,謂諸侯何?楚有三施,我有三怨,怨讎已多,將何以戰?不如私許復曹、衛以攜離間之,執宛春以怒楚,既戰而後圖之。"公說。乃拘宛春於衛,且私許復曹、衛,曹、衛告絕於楚。

子玉怒,從晉師。晉師退。軍吏曰:"以君辟臣,辱也;且楚師老疲憊矣,何故退?"子犯曰:"師直爲壯,曲爲老,豈在久乎?(上德之言。)微楚之惠不及此,退三舍古代一舍三十里,三舍為九十里辟通"避"之,所以報也。背惠食言,以亢對抗,匹敵其讎。我曲楚直,其衆素向來飽士氣飽滿,不可謂老。我退而楚還,我將何求?若其不還,君退、臣犯,曲在彼矣。"退三舍。楚衆欲止,子玉不可。

夏四月戊辰,晉侯、宋公、齊國歸父、崔夭、秦小子憖yìn,秦穆公子次駐紮於城濮衛地。楚師背酅xié,丘陵險阻而舍,晉侯患之。聽輿人之誦曰:"原田休耕地每每雜草茂盛,舍其舊而新是謀。"(晉侯有德而能勤民,具見於此。)公疑焉。子犯曰:"戰也!

戰而捷，必得諸侯。若其不捷，表裏山河，必無害也。"公曰："若楚惠何？"欒貞子欒枝曰："漢陽諸姬，楚實盡之。思小惠而忘大恥，不如戰也。"晉侯夢與楚子搏格鬥，楚子伏己而鹽gǔ咀嚼其腦，是以懼。子犯曰："吉。我得天，楚伏其罪，吾且柔之矣。"

子玉使鬬dòu勃楚大夫請戰，曰："請與君之士戲角力，君馮同"憑"，憑靠軾車前橫木而觀之，得臣人名與寓目焉。"（子玉無德無禮，不能勤民，具見於此。又與晉侯之疑懼戒敬相映。）晉侯使欒枝對曰："寡君聞命矣。楚君之惠，未之敢忘，是以在此。爲通"謂"大夫退，其敢當君乎？（有德有禮之言。）既不獲命矣，敢煩大夫指鬬勃，謂二三子指子玉、子西等：'戒爾車乘，敬爾君事，詰朝明天早晨相見。'"

晉車七百乘，韅xiǎn、靷yǐn、鞅yāng、靽bàn，意為車馬裝備齊全。晉侯登有莘古國名之虛通"墟"以觀師，曰："少長有禮，其可用也。"（德而能勤民，具見於此。）遂伐其木，以益其兵兵器。

己巳，晉師陳於莘北即城濮，胥臣以下軍之佐當陳、蔡。子玉以若敖之六卒將中軍，曰："今日必無晉矣。"子西鬬宜申將左，子上將鬬勃右。胥臣蒙馬以虎皮，先犯陳、蔡。陳、蔡奔，楚右師潰。狐毛設二旆pèi，兩隊前軍而退之。欒枝使輿曳柴而偽遁，楚師馳之，原軫、郤溱以中軍公族橫擊之。狐毛、狐偃以上軍夾攻子西，楚左師潰。楚師敗績。子玉收其卒而止，故不敗。

晉師三日館停宿、穀吃楚軍留下的糧食，及癸酉六日而還。甲午二十七日，至於衡雍鄭地，在今河南原陽西，作王宮於踐土鄭地，在衡雍附近。（《左傳》敘事之法，在古無兩，宜於此等求之。蓋晉之告勝、王之謀勞晉侯，及晉聞王之出而留諸侯以爲會盟，就中情事，若一一序入，則不勝其繁，而篇法懈散。惟於還至衡雍，先序王宮之作，則王至踐土，晉獻楚俘，可以順承直下，斬去一切枝蔓，而情事顯然，所謂神施而鬼設。）

鄉役城濮戰役前之三月，鄭伯如楚致其師。爲楚師既敗而懼，使子人九人名行成於晉。晉欒枝入盟鄭伯。（正敘晉之得鄭，因追敘鄭之從楚，與魯、衛、曹從楚相映，且爲鄭伯傅王張本。而鄭致楚師，又城濮之師所以合也。）五月丙午九日，晉侯及鄭伯盟於衡雍。

丁未十日，獻楚俘於王：（試思若前無"作王宮"一語，此處如何入王之下勞？晉之獻俘，突起闌入，氣脈必爲橫隔矣。）馹介馹馬披甲百乘，徒兵步兵千，鄭伯傅佐助，輔助王，用平禮也。己酉十二日，王享禮他本作"醴"，命晉侯宥 yòu，同"侑"。王命尹氏及王子虎、内史叔興父策命晉侯爲侯伯，賜之大輅他本作"輅"，天子車之總名之服、戎輅戎車之服，彤弓一，彤矢百，玈 lú，其正字爲"黸"，意爲"黑"弓矢千，秬 jù，黑小米鬯 chàng，用黑小米釀的酒一卣 yǒu，古代酒器，虎賁勇猛如虎之士三百人，曰："王謂叔父指晉文公，'敬服王命，以綏安撫四國四方諸侯，糾逖 tì，通"剔"，治王慝惡。'"晉侯三辭，從命(有禮)，曰："重耳敢再拜稽首，奉揚天子之丕大顯明休賜與命策命。"受策以出。出入前後三覲。

衛侯聞楚師敗，懼（與鄭伯、魯侯之懼遙應），出奔楚，遂適陳，使元咺 xuǎn 奉叔武以受盟。癸亥五月二十六日，王子虎盟諸侯於王庭，要 yāo，約言曰："皆獎成王室，無相害也！有渝改變，背棄此盟，神明他本作"明神"殛 jí，誅殺之，俾隊通"墜"，墜落其師，無克祚國，及而玄孫，無有老幼。"君子謂是盟也信，謂晉於是役也，能以德攻。

初，楚子玉自爲瓊弁馬冠、玉纓馬鞅，馬頸之革，未之服也。

先戰,夢河神謂已曰:"畀余!余賜女孟諸宋之藪澤,在今河南商丘東北之麋通"湄",岸邊。"弗致也。大心子玉之子與子西子玉之族使榮黃諫,弗聽。榮季即榮黃,"季"為其字曰:"死而利國,猶或為之,況瓊玉乎?是糞土也。而用法同"如"可以濟師,將何愛焉?"弗聽。出,告二子曰:"非神敗令尹,令尹其不勤民不以民事為重,實自敗也。"(與晉之勤民反對)既敗(子玉戰前之事,與楚王戰後之命,風馬牛不相及。止用"既敗"二字直接榮季"實自敗"語,渾然無跡,是謂神施鬼設),王使謂之曰:"大夫若入,其若申、息之老何何以面對申、息父老?"子西、孫伯即大心曰:"得臣將死。二臣子西、孫伯止之,曰:'君其將以為戮。'"及連穀地名,今屬不詳而死。

晉侯聞之而後喜可知也,曰:"莫余毒也已再也沒有人威脅危害我了。為他本作"蒍"呂臣人名,即叔伯實為令尹,奉己而已,不在民矣。"(與子玉之不能勤民相映,又與晉之能勤民反對,故以結通篇。)此篇文字見《左傳·僖公二十八年》。

　　唐、宋諸家之文,終篇一義相貫,譬如萬派同源,百枝共本。不如此,則氣脈斷隔,而篇法為之裂矣。太史公《禮書序》,首尾以二義分承,篇法之奇,唐後無之。此篇以德、禮、勤民,三義相貫,聞見層出,融洽無間,又漢以後所未有也。

　　《易》於《坤》曰:"為文。"又曰:"物相雜,故曰文。"蓋彼此交互,相為經緯,而文生焉。敘事之文,最苦散漫無檢局拘束,約束。惟左氏於通篇大義貫穿外,微事亦兩兩相對。此篇言晉侯有德有禮而能勤民,所以勝;子玉無德無禮不能勤民,所以敗。其大經也。中間晉侯能用人言，不獨博謀於卿大夫，且下及輿人；得臣剛愎自用，不獨榮黃之諫不聽，楚衆欲還不從，即楚子之命亦不受。又一反對也。楚子不欲戰，而得臣強之；晉侯疑於戰，而諸臣決之。又一反對也。晉侯之夢，似凶而終吉；得臣之夢，似吉而終凶。又一反對也。楚所愛者曹、衛，晉所急者宋、魯，則陽從晉而陰爲楚，鄭則始向楚而終從晉。皆兩兩相對，所以抒軸_{本意爲織布機上的兩個部件，意爲"組織"}而成章也。

四、邲 bì，地名，今河南滎陽東北之戰

十有二年春，楚子圍鄭，旬有七日。鄭人卜行成想向楚求和，問之於龜卜，不吉；卜臨哭於大宮太祖廟，且巷出車陳車於街巷，準備戰鬥，吉。國人大臨城中人皆哭，守陴 pí，城上的矮牆者皆哭。楚子退師。鄭人修城。進復圍之（論序事常法，出車大臨，乃被圍常事，本不必書而特書者，與能信用其民，義相發也。《春秋》之法，書入則不復書圍。退師修城，乃復圍以前之事，亦不宜書而特書者，見楚子行師，進退有禮，與篇末論武有七德，義相發也。），三月用時三個月，克之。入自皇門城門，至於逵路四通八達的大道。鄭伯肉袒 tǎn，光著身子牽羊以逆迎接，迎候，曰："孤不天不承奉天的旨意，不能事君，使君懷怒以及敝邑，孤之罪也，敢不唯命是聽？其俘諸江南，以實海濱，亦唯命；其翦消滅以賜諸侯，使臣妾之為奴婢，亦唯命。若惠顧前好，徼 jiǎo 福求福於厲周厲王、宣周宣王、桓鄭桓公、武鄭武公，不泯滅其社稷，使改事君，夷等同於九縣指楚國諸縣，君之惠也，孤之願也，非所敢望也。敢布腹心，君實圖之。"左右曰："不可許也，得國無赦。"王曰："其君能下人，必能信用其民矣，庸可幾冀，意為其後望無窮乎？"退三十里而許之平地名。潘尪 wāng。人名，字師叔入盟，子良出質。

夏六月，晉師救鄭。荀林父將中軍，先縠佐之；士會將

上軍,郤克佐之;趙朔將下軍,欒書佐之。趙括、趙嬰齊爲中軍大夫,鞏朔、韓穿爲上軍大夫,荀首、趙同爲下軍大夫(四大戰無書三軍之大夫者,惟邲特書,以晉之喪師由先縠剛愎,而趙括、趙同實助之。鞏朔、韓穿則有設七覆於敖前事,荀首則有以其族反之獲連尹、襄老囚楚公子穀臣事。苟不先書其職司,則不知其爲何人。既備舉六人,則趙旃求卿未得,魏錡救公族未得,皆以卿族在軍行,而非有職司亦見矣)。韓厥爲司馬。及河,聞鄭既及楚平,桓子荀林父的諡號欲還,曰:"無及於鄭而勦同"剿"民,焉用之?楚歸而動,不後不為不及。"隨武子士會曰:"善。會聞用師,觀釁xìn,瑕隙而動(晉人怙亂之釁,爲楚所窺,而楚君重言戒,無釁可乘。此句乃通篇之關鍵)。德、刑、政、事、典、禮不易改變、違反(六事與篇末武有七德義相發。楚人六事具脩,爲敵所畏,而楚子猶曰"武有七德,我無一焉",是乃六事之所以具脩也),不可敵也,不爲是征。楚軍討鄭,怒其貳而哀其卑。叛而伐之,服而舍之,德、刑成矣。伐叛,刑也;柔服,德也,二者立矣。昔歲入陳,今茲今年入鄭,民不能罷同"疲"勞。君無怨讟dú,怨恨,政有經為政有常法矣。荊尸春秋時楚軍陣法名。荊,楚;尸,陳而舉,商、農、工、賈不敗其業,而卒步兵乘車兵輯和睦,事不奸各不相犯矣。蒍敖叔孫敖爲宰令尹,擇楚國之令善,好典禮法政令;軍行,右轅右軍從將軍之轅而進退,左追蓐 rù,準備草蓐為宿用,前茅前軍以茅旌為標幟慮無以備不測,中權中軍制定謀略,後勁以精兵殿後。此句所言為當時兵法。百官象物而動百官各建其旌旗,並依此而行動,軍政不戒敕令而備,能用典矣。其君之舉選拔人材也,內同姓選於親,外姓選於舊世臣,舉不失德,賞不失勞。老有加惠,旅羈旅之人有施舍賜予,君子小人,物有服章各有一定之衣服色彩。貴有常尊制度儀節,賤有等威有等級之威嚴,禮不逆矣。德立、刑行,政成、事時,典從、禮順,若之何敵之？見可而進,知難而退,軍之善政也。兼弱攻昧不正,武之善經也。子姑整軍而經武乎！猶有弱而昧者,何必楚？仲虺 huǐ,商湯左相有言曰,'取亂侮亡',兼弱也。《汋》①曰,'於 wū,歎詞鑠 shuò,美王師天子的軍隊！遵率領養攻取時是,此晦昏昧',耆攻取昧也。《武》②曰：'無競彊惟烈功業',撫弱耆昧,以務烈所,可也。彘子即先縠。另,他本下有"曰"字：'不可。晉所以霸,師武、臣力也。今失諸侯,不可謂力；有敵而不從,不可謂武。由我失霸,不如死。且成師以出,聞敵強而退,非夫丈夫也。命爲軍師,而卒以非夫以非丈夫終,唯群子能,我弗爲也。'"以中軍佐濟渡河。

知 zhì 莊子曰："此師殆哉！《周易》有之,在《師》之《臨》曰：'師出以律凡師出,必以法制相號令,否臧不善,凶。'執事順成爲臧善,逆逆道而潰敗爲否。衆散爲弱,川壅壅塞爲澤。有律以如己也以法制號令指揮三軍如一,猶如自己指揮自己,故曰律。否臧,且律竭矣。盈而以竭,夭阻塞且不整,所以凶也。不行澤水不流之謂《臨》,有帥而不從,臨孰甚焉？此之謂矣。果遇若遇敵,必敗,彘子尸主之,雖免雖然免於戰死而歸,必有大咎。"韓獻子即韓厥謂桓子曰："彘子以偏師陷,子罪大矣。子爲元帥,師不用命,誰之罪也？失屬戰敗失鄭亡師,爲罪已

---

① 《汋》：《詩·周頌》篇名,其首章爲："於鑠王師,遵養時晦。時純熙矣,是用大介。我龍受之,蹻蹻王之造。載用有嗣,實維爾公允師。"汋：一作"酌"。

② 《武》：《詩·周頌》篇名,其首章爲："於皇武王！無競維烈。允文文王,克開厥後。嗣武受之,勝殷遏劉,耆定爾功。"

重,不如進也。事之不捷,惡有所歸歸,他本作"分"。與其專罪,六人同之,不猶愈乎?"師遂濟。

楚子北師次於郔 yán,今河南鄭州市北。沈尹人名將中軍,子重公子嬰齊將左,子反公子側將右,將飲馬於河而歸。聞晉師既濟,王欲還,嬖 bì,受寵愛的人人伍參伍奢之祖父欲戰。令尹孫叔敖弗欲,曰:"昔歲入陳,今茲入鄭,不無事矣。戰而不捷,參之肉其足食表痛恨之意乎?"參曰:"若事之捷,孫叔爲無謀矣。不捷,參之肉將在晉軍,可得食乎?"令尹南轅、反旆軍前大旗。伍參言於王曰:"晉之從政者指荀林父新,未能行令。其佐先縠剛愎不仁,未肯用命。其三帥者,專行不獲不得。聽而無上無可聽的上司,衆誰適從?此行也,晉師必敗。且君而逃臣,若社稷何?"王病之,告令尹改乘轅而北之,次於管地名,在今河南鄭州以待之。

晉師在敖、鄗 hào。二山名,均在河南滎陽北之間。鄭皇戌他本作"戍"使如晉師,曰:"鄭之從楚,社稷之故也,未有二心。楚師驟勝屢勝而驕,其師老矣,而不設備,子擊之,鄭師爲承承繼,楚師必敗。"彘子曰:"敗楚、服鄭,於此在矣。必許之!"欒武子欒書曰:"楚自克庸以來,其君無日不討治國人而訓之於以民生之不易、禍至之無日、戒懼之不可以怠;在軍,無日不討軍實軍隊士卒而申儆戒之於勝之不可保、紂之百克而卒無後,訓之以若敖、蚡冒皆為楚之先世篳路藍縷駕柴車、著破衣以啓山林。箴之曰:'民生在勤,勤則不匱。'不可謂驕。先大夫子犯有言曰:'師直爲壯,曲爲老。'我則不德,而徼求怨於楚。我曲楚直,不可謂老。其君之戎分爲二廣左右兩部,廣有一卒三十乘,卒偏十五乘之兩一卒有兩偏。右廣初駕先駕,數漏刻及日中,左則受之,以至於昏。內官親近之臣序依次當其夜在夜間執行保衞,以待不虞,不可謂無備。子良,鄭之良也;師叔即潘尫,楚之崇也。師叔入盟,子良在楚,楚、鄭親矣。來勸我戰,我克則來,不克遂往,以我卜以我戰之勝負決定從晉或從楚也!鄭不可從。"趙括、趙同曰:"率師以來,惟敵是求。克敵、得屬,又何俟?必從彘子!"知季即知莊子荀首曰:"原趙同、屏趙括,咎之徒通"塗"也。"趙莊子即趙朔曰:"欒伯即欒書善哉!實實踐其言,必長使長久晉國。"

楚少宰官名如晉師,曰:"寡君少遭閔凶,不能文謙辭,言辭無紋飾。聞二先君指楚成王與穆王之出入此行道路也,將鄭是訓定將訓定鄭,豈敢求罪於晉?二三子無淹久久留!"隨季即士會、隨武子對曰:"曰①昔平王命我先君文侯曰:'與鄭夾輔輔佐周室,無廢王命!'今鄭不率遵循,寡君使群臣問諸鄭,豈敢辱候人古官名,掌道路迎送賓客之事?敢拜君命之辱。"彘子以爲諂,使趙括從而更更改之,曰:"行人古官名。此處指隨季失辭。寡君使群臣遷大國之迹於鄭,曰:'無避敵!'群臣無所逃命。"

楚子又使求成於晉,晉人許之,盟有日矣。楚許伯禦樂伯,攝叔爲右,以致晉師。許伯曰:"吾聞致師者,禦靡旌摩壘迫近敵人營壘而還。"樂伯曰:"吾聞致師者,左射以菆 zōu,好箭,代禦執轡他本作"轡",禦下,兩馬、掉整理靷而還。"攝叔曰:"吾聞致師者,右入壘,執他本作"折"馘 guó,殺死敵人而取其左耳、執俘生俘敵人而還。"皆行其所聞而復。(致師實事,皆以虛言出

---

① 原文有此"曰"字,他本無,當爲衍字。

之,忽一語指實,與下文承接無間,所謂變化無方。)晉人逐之,左右角之。樂伯左射馬,而右射人,角不能進。矢一而已。麋興於前,射麋麗附著,依附龜指射中禽獸背部隆起的中心處。晉鮑癸當其後,使攝叔奉麋獻焉,曰:"以歲之非時,獻禽之未至,敢膳進,給諸徒他本作"從"者。"鮑癸止之,曰:"其左善射,其右有辭善於辭令,君子也。"既盡,皆免。

晉魏錡求公族未得,而怒(以楚人致師,連類而及之。舍此,更無可安置處。凡《左》、《史》溜溜直下處,皆以慘淡經營而得之,觀者莫能識耳),欲敗晉師。請致師,弗許。請使,許之。遂往,請戰而還。楚潘黨逐之,及榮他本作"熒"澤即滎澤,在今河南滎陽縣東,見六麋,射一麋以顧獻,曰:"子有軍事,獸人毋他本作"無"乃不給於鮮此句意謂,獸人之官不能供給足夠的鮮禽獸?敢獻於從者。"叔黨即潘黨命去之。趙旃 zhān。趙穿之子求卿未得,且怒於失楚之致師者(因楚人致師,晉人逐之,連類而及。晉人請戰,楚人逐之,因魏錡求公族不得,欲敗晉師而請使,連類而及。趙旃救卿不得,而請使以二事。舍此,別無可安置處也。猶慮章法散漫,又以"怒於失楚之致師者"緊抱上文,上與"魏錡之怒"、下與"二憾往矣"相應。義法之精密如此),請挑戰。弗許。請召盟,許之,與魏錡皆命受命而往。(郤克、先縠、士季相語,魏錡未使以前事也。既敘魏錡請戰,楚人逐之,欲追敘三人之語,故極難措置,故連類而書。趙旃之請,忽以"皆命而往"縮合,渾然無跡。此退之所謂變動若鬼神者。自周以後之文,不復見此。)郤獻子曰:"二憾指魏錡與趙旃往矣,弗備必敗。"彘子曰:"鄭人勸戰,弗敢從也;楚人求成,弗能好也。師無成命,多備何爲?"士季曰:"備之善。若二子怒楚,楚師乘侵凌我,喪師無日矣,不如備之。楚之無惡,除備而盟,何損於好?若以惡來,有備不敗。且雖諸侯相見,軍衛不徹,警也。"彘子不可。

士季使鞏朔、韓穿帥七覆_{伏兵七處}於敖_{敖山}前，故上軍不敗。趙嬰齊使其徒先具舟於河，故敗而先濟。（試思晉師既敗以後，有楚人教晉脫扃，及逢大夫免趙旃，知莊子獲連尹、襄老等事，若更序此二事，則詞意繁雜而不相屬，篇法散慢而無所統，與宋以後諸史無異矣。故因彘子不肯設備，連類而預書之，敗後三事，得以類相從而不雜矣。太史公所謂非好學深思不能心知其意者，當於此等求之。）

潘黨既逐魏錡，趙旃夜至於楚軍，席於軍門之外（雖連類而書設覆、具舟二事，其實三子相語乃趙旃初往時事也。魏錡之事已備見，而趙旃之事未終，故以二句縮合。渾然無迹，所謂變動若鬼神），使其徒入之。楚子爲乘廣三十乘，分爲左右。右廣雞鳴而駕，日中而說 shuì，通"稅"，卸車，休息；左則受之，日入而說。許偃禦右廣，養由基爲右；彭名禦左廣，屈蕩爲右。乙卯，王乘左廣以逐趙旃，趙旃棄車而走林_{跑入林中}，屈蕩搏之，得其甲裳。晉人懼二子之怒楚師也，使軘 tún 車_{兵車}逆之。潘黨望其塵，使騁而告曰："晉師至矣！"楚人亦懼王之入晉軍也，遂出陳。孫叔曰："進之！寧我薄_{迫近人}，無人薄我。《詩》云，'元戎兵車十乘，以先啓行'_{《詩·小雅·六月》文}，先人也。《軍志》曰，'先人有奪人之心'，薄之也。"遂疾進師，車馳、卒奔，乘晉軍。桓子不知所爲，鼓於軍_{他本"軍"後有"中"字}曰："先濟者有賞！"中軍、下軍爭舟，舟中之指可掬_捧也。

晉師右移，上軍未動。工尹齊將右拒卒以逐上_{他本作"下"}軍。楚子使唐狡與蔡鳩居_{均爲楚大夫}告唐惠侯曰："不穀不德而貪，以遇大敵，不穀之罪也。然楚不克，君之羞也。敢藉君靈_福，以濟楚師。"使潘黨率游闕_{軍中機動兵車}四十乘，從唐侯以爲左拒，以逐_{他本作"從"}上軍。駒伯曰："待_{防禦}諸乎？"隨季曰："楚師方壯_{氣盛}，若萃_聚於我，吾師必盡。不如收而去之。分謗同奔、生民不戰,不亦可乎?"殿其卒而退,故他本無"故"字不敗。

王見右廣,將從之乘。屈蕩尸他本作"戶",意為"止"之,曰:"君以此始,亦必以終。"自是楚之乘廣先左。(篇中疊見楚人乘廣之制,故戰之終事,又舉此與前相應。)

晉人或以廣兵車隊同"墜",墜於坑陷不能進(因敘楚之乘廣,連類而及之),楚人惎jì,教之脫扃jiōng,車前橫木。少進,馬旋他本作"還",盤旋不進,又惎之拔旆pèi,大旗投拔衡轅前橫木,乃出。顧曰:"吾不如大國之數奔也。"意為晉人逃脫後,反而嘲笑楚人,謂楚人經常奔逃而有此經驗。

趙旃zhān以其良馬二濟其兄與叔父,以他馬反。過敵不能去,棄車而走林。逢姓氏大夫與其二子乘,謂其二子毋他本作"無"顧。顧曰:"趙叟在後。"怒之,使下,使他本無"使"字指木曰:"尸汝他本作"女",義同於是。"授趙旃綏登車時手挽的繩索,以免。(因廣隊之奔,連類而及之。)明日,以尸表他本作"表尸"之以標誌收其尸骨,皆重獲在木下。(與下載連尹襄老之尸相映。)

楚熊負羈囚知罃,知莊子以其族反之(敗後又有獨反而勝者,故敘晉之敗,以此終焉,且與篇首先縠之獨進相映),厨武子即魏錡禦,下軍之士多從之。每射,抽矢,菆,納諸厨子之房。厨子怒曰:"非子之求,而蒲制菆的原料之愛,董澤地名,在今山西聞喜縣東北四十里之蒲,可勝既取乎?"知季曰:"不以人子,吾子其可得乎? 吾不可以苟射故也。"射連尹襄老,獲之,遂載其尸;射公子穀臣,囚之。以二者還。(公子穀臣之囚之與知罃之囚相映。)

及昏,楚師軍於邲。晉之餘師不能軍,宵濟,亦終夜有聲。

丙辰,楚重輜重至於邲,遂次於衡雍地名,在今河南原陽縣西北五里。潘黨曰:"君盍何不築武軍收尸而封土而收晉尸以爲京觀建表木而書之?臣聞,克敵必示子孫,以無忘武功。"楚子曰:"非爾所知也。夫文字,止戈爲武。武王克商,作《頌》曰:'載戢,於是戢 jí,收藏干戈,載櫜 gāo,盛甲或弓矢的袋子弓矢。我求懿德美德,肆施行於時此,是夏中國。一說,《夏》為樂名,允王保之信能王天下而保有之。'《詩·周頌·時邁》文又作《武》,其卒章曰:'耆定爾功致定其功。'《詩·周頌·武》之末句其三曰:'鋪時繹思布陳此勤勞之德,我徂惟求定我去討伐商紂,只求安定而已。'《詩·周頌·賚》文其六曰:'綏萬邦安定天下,屢豐年多有豐年。'《詩·周頌·桓》文夫《武》,禁暴、戢兵、保大、定功、安民、和衆、豐財者也,故使子孫無忘其章大功。今我使二國暴骨,暴矣;觀兵以威諸侯,兵不戢矣;暴而不戢,安能保大?猶有晉在,焉能他本作"得"定功?所違民欲他本下有"猶"字多,民何安焉?無德而強勉强爭諸侯,何以和衆?利人之幾危,而安人之亂,以爲己榮,何以豐財?武有七德,我無一焉,何以示子孫?其爲先君宮,告成事而已,武非吾功也。古者明王代他本作"伐",當是,蓋形近而訛不敬,取其鯨鯢均為海中大魚而封之,以爲大戮,於是乎有京觀以懲淫慝指不敬。今罪無所無所歸,而民皆盡忠以死君命,又何以爲京觀乎?"(楚子既勝,而自以爲不德,所見高遠,所以德立刑行、政成事時、典從禮從而不可敵也。)祀於河,作先君宮作楚武諸王之廟,告成事而還。

是役也,鄭石制實入楚師,將以分鄭,而立公子魚臣。辛未七月二十九日,鄭殺僕叔即魚臣及子服即石制。君子曰:"史佚所謂'毋怙亂'者,謂是類也。《詩》曰:'亂離瘼 mò,病矣喪亂離散使人痛苦,爰其適歸何處可往歸。'《詩·小雅·四月》文歸於怙亂乘亂取利者也夫!"(晉之怙亂者,軍帥則有先縠,大夫則有趙括、趙同;卿族之在師中者,則有魏錡、趙旃。而以鄭石制之怙亂,引史佚之言及《詩》以證之,所謂妙遠不測。)鄭伯許男如楚。(傳主釋經,此經所不書而詳之者,以二國朝楚,乃南、北盛衰分界,不可不志,且與前'不克遂往'相應也。)

秋,晉侯他本作"師"歸,桓子請死,晉侯欲許之。士貞子諫曰:"不可他本無此二字。城濮之役,晉師三日穀,文公猶有憂色。左右曰:'有喜而憂,如有憂而喜乎?'公曰:'得臣猶在,憂未竭他本作"歇",同"竭"也。困獸猶鬥,況國相乎?'及楚殺子玉,公喜而後可知也。曰:'莫予毒也已。'是晉再克而楚再敗也,楚是以再世成王、穆王二世不競不強。今天或者大警晉也,而又殺林父以重楚勝,其無乃久不競乎?林父之事君也,進思盡忠,退思補過,社稷之衛也,若之何殺之?夫其敗也,如日月之食焉,何損於明?"晉侯使復其位。(《公羊》、《穀梁傳》及《國語》、《國策》一篇各一事,而脈絡具焉。《左傳》則分年以紀事,而義貫於全經。前此城濮之戰,楚殺得臣;後此鄢陵之戰,楚殺子側。故林父請死,晉侯使復其位。不得不具書,以志晉、楚軍法之寬嚴。又以晉文既勝而有左後事之慮,與楚莊既勝而知前事之非相映,以爲樞紐。義法之精密如此。)此篇文字見《左傳·宣公十二年》。

"怙亂"爲此篇樞紐關鍵,中心環節,衆所共知。然以著晉之所以敗,而楚之不可敵不能該也;以著先縠、趙括、趙同、魏錡、趙旃之僨fèn事把事情弄糟,而林父及群帥之失謀不能該也。故以"觀釁而動"貫穿前後,而楚君之明於七德、修其六事、日夜警備、無釁可乘,楚令尹之臨事而懼、當幾而決,伍參之知彼知已、料敵得間,皆統攝於此矣。晉之釁,不獨先縠之專行,趙括、趙同之黨附,魏錡、趙旃之樂禍也。林父不能制命,明知必敗,而從韓厥分惡之謀,一釁也;隨季之對先縠,得而更之,二釁也;楚子求成,不使荀首、知罃yīng往,明知魏錡、趙旃之樂禍而曲從其請,三釁也;諸帥明知楚之宜備而不爲戒,四釁也。士會設七覆,則無釁可乘,而一軍獨全矣。使中軍、下軍各自爲備,則彘子偏敗,而晉師不致大崩也。觀伍參之言,則晉之釁,楚早見之。觀士會、趙朔、欒書、韓厥之言,則晉之釁,合軍皆自知之。而林父不能定謀,諸帥不能強諫,以自弭其釁,則不敗何待哉!至於乘晉之釁者,楚也;而觀釁而動,則以晉士會出之怙亂者,晉人也。而引史佚之言及《詩》,則於鄭石制發之。旁見側出,不可端倪,神乎技矣。

此戰之事與言,最煩雜細碎,故特起連類而書之例。使一以事之前後爲序,則意脈不貫,拳曲臃腫而不中繩墨矣。其兩兩相映,則與諸戰略同。楚人致師,鮑癸以其有辭而免之;晉人請戰,楚潘黨以其有辭而免之;魏錡、趙旃皆以有求不遂而請使,其顯見者也。晉軍帥皆不欲戰,而欲戰爲先縠;楚君臣皆不欲戰,而欲戰者獨伍參。荀林父之命,不獨不行於先縠,趙括、趙同乃得而更之,趙旃、魏錡皆得而強之,而楚之軍政則專致於孫叔,不獨伍參不敢違,三帥亦莫敢參焉,即王亦必告焉,而使自改其前命。隨季知楚之不可敵,而不能止先縠之獨進;欒書知鄭之不可從,而不能折趙括、趙同之黨同。荀首以《易》論敗之可必，楚子以《詩》論勝之不足爲功，隨季言楚之六事不易，楚子言己之七德俱無，引《詩》者五，古賢之言二，楚先君、晉先大夫之言二。隨季則總述楚之軍政，欒書則獨舉楚之車法。其中軍及左右前後之制，既見於隨季之言，故於後並舉左拒、右拒，以備楚之軍政。其乘廣之制，既詳於欒書之言，故於後並舉游闕，以備楚之車法。欒書之言，則趙朔稱善；卻克之言，則隨季稱善。趙嬰齊以舟具而先濟，趙旃之兄與叔父以良馬而先濟。趙旃前以遇大敵棄車而走林，後以失良馬棄甲而走林。逢大夫二子之尸、連尹之尸、知罃之囚、公子穀臣之囚，凡事皆兩兩兩相映①。如錦繡組文，觀者但覺者悅目，而無從覓㎡，同"覓"其針功。後有作者，不可及也矣。

---

① 凡事皆兩兩兩相映：原文如此，或衍一"兩"字。

五、鄢陵之戰

十有六年夏《左傳》原文無此五字，當為作者所加，晉侯將伐鄭。范文子曰："若逞滿足吾願，諸侯皆畔他本作"叛"，晉可以逞緩和。若惟鄭畔同"叛"，晉國之憂，可立俟 sì，等待也。"（"憂"字乃一篇綱領。蓋欒書、卻至所欲禦者外患，而范文子所欲弭者內憂。諸侯外畔，庶幾君臣內懼，而憂可弭耳。）欒武子曰："不可以當吾世而失諸侯，必伐鄭。"乃興師。欒書將中軍，士燮 xiè，即范文子佐之；卻錡將上軍，荀偃佐之；韓厥將下軍，卻至佐新軍。荀罃居守。卻犨如衛，遂如齊，皆乞師焉。欒黶來乞師。孟獻子曰："有勝矣。"（晉之勝孟獻子早見之，與楚之敗姚句耳早見相對。）戊寅十二日，晉師起。

鄭人聞有晉師，使告於楚，姚句耳與往，楚子救鄭。司馬公子側子反將中軍，令尹公子嬰齊子重將左，右尹子辛將右。（獨舉子辛以子重爲令尹，已見十一年。是役發命者子反，蔽罪者子反，則子反爲司馬不待書。）過申，子反入見申他本作"申"，此誤叔時，曰："師其何如？"對曰："德、刑、詳同"祥"、禮、義、信，戰之器手段也。德以施惠，刑以正邪，詳以事神，義以建利，禮以順時，信以守物。民生厚豐厚而德正，用利而事節一切舉動依利國而行，則舉動合於節度，時順而物成。上下和睦，周旋不逆，求無不具,各知其極。故《詩》曰:'立我烝民,莫匪爾極。'見《詩·周頌·思文》是以神降之福,時無災害,民生敦厖豐厚,和同以聽,莫不盡力以從上命,致死以補其缺戰死者,此戰之所由克也。今楚內棄其民,而外絕其好;瀆襲瀆,輕慢齊盟,而食話言;奸時侵占农时以動,而疲民以逞。民不知信,進退罪也。人恤憂所底至,其誰致死?子其勉之!吾不復見子矣。"(楚之敗,申叔時早必之,與晉之克,郤至早必之相對。)姚句耳先歸,子駟問焉。對曰:"其行速,過險而不整遇險阻之地而行列不整齊。速則失志考慮不周;不整,喪律他本作"列"。下同。志失律喪,將何以戰?楚懼不可用也。"

五月,晉師濟河。聞楚師將至,范文子欲反,曰:"吾僞當作"為",如果、假若逃楚,可以紓 shū,缓和、解除憂。夫合諸侯,非吾所能也,以遺能者。我若群臣輯睦以事君,多矣。"(臨敵而逃,則君臣同憂,而不暇內相圖。獨言群臣輯睦者,與臣言忠,故不及君也。)武子曰:"不可。"

六月,晉、楚遇於鄢陵。范文子不欲戰。郤至曰:"韓之戰,惠公不振旅意為失敗;箕之役,先軫不反命意為先軫戰死;邲之師,荀伯不復從意為失敗。皆晉之恥也。子亦見先君之事矣。今我避楚,又益恥也。"文子曰:"吾先君之亟多次戰也,有故。秦、狄、齊、楚皆强,不盡力,子孫將弱。今三强服矣,敵楚而已。惟聖人能外內無患。自非假若不是聖人,外寧必有內憂,盍釋楚以爲外懼乎?"(再言晉之憂而衆皆不喻,故至此始正告之。)

甲午晦,楚晨壓逼近晉軍而陳陳兵、佈陣。軍吏患之。范匄 gài。范士燮之子趨進,曰:"塞井夷平竈,陳於軍中,而疏行首將行列間道路隔寬。晉、楚惟天所授,何患焉?"文子執戈逐之,曰:"國之存亡,天也,童子何知焉?"(文子所憂,不惟群臣不知,其子亦不知,故怒而逐之,因以警群臣。)欒書曰:"楚師輕窕即輕佻,固壘而待之,三日必退。退而擊之,必獲勝焉。"郤至曰:"楚有六間間隙、空子,不可失也。其二卿指子反、子重相惡,王卒以舊用舊家子弟,鄭陳而不整,蠻軍而不陳,陳不違晦不避晦日,在陳而囂xiāo,吵鬧、喧嘩,合而加囂,各顧其後,莫有鬥心。舊不必良,以犯天忌。我必克之。"

楚子登巢車一種兵車,像鳥巢,用以瞭望敵人,以望晉軍。子重使太宰伯州犂晉國伯宗之子侍於王後。王曰:"騁而左右晉國兵車朝左右兩方馳騁,何也?"曰:"召軍吏也。""皆聚於中軍矣。"曰:"合謀共同謀議也。""張幕帳幕張開矣。"曰:"虔卜於先君也在先君主位前誠心問卜。""徹幕矣。"曰:"將發命也。""甚囂,且塵上矣。"曰:"將塞井夷竈而爲行也。""皆乘矣,左右執兵而下矣。"曰:"聽誓也。""戰乎?""未可知也。""乘而左右皆下矣。"曰:"戰禱也戰前禱告鬼神。"(鄢之戰,不實敍致師,而以致師者之口出之,以虛爲實也。此則以實爲虛,晉人軍中事,皆現於楚子伯州犂之目。是謂出奇無窮。)伯州犂以公卒晉侯之卒告王。苗賁皇楚國鬬椒之子在晉侯之側,亦以王卒楚共王之卒告。皆曰:"國士指伯州犂在,且厚,不可當也。"苗賁皇言於晉侯曰:"楚之良,在其中軍王族而已。請分良以擊其左右,而三軍萃於王卒,必大敗之。"公筮之。史曰:"吉。其卦遇復,曰:'南國蹙cù,局迫,射其元王,中厥目。'國蹙、王傷,不敗何待?"公從之。

有淖nào,泥沼於前,乃皆左右相違避開於淖。步毅禦晉厲公,欒鍼爲右。彭名禦楚共王,潘黨爲右。石首禦鄭成公,唐苟爲右。欒、范以族夾公行。陷於淖。欒書將載晉侯。鍼曰:"書退!國有大任大事,焉得專之!且侵官,冒也;失官,慢也;離局部屬,奸亂也。有三罪焉,不可犯也。"乃掀公以出於淖。

癸巳(記事書日常法也。已敘戰事,復追敘未戰時事,措手甚難,直舉日干,便顯然可知爲甲午前一日事,而承接無迹。是謂化臭腐爲神奇),潘尪之黨潘尪之子潘黨與養由基蹲甲將甲置於物上而射之,徹穿透七札七層焉。以示王,曰:"君有二臣如此,何憂於戰?"王怒曰:"大辱國!詰朝明朝爾射,死藝將死於賣弄射箭的技藝上。"呂錡晉魏錡夢射月,中之,退入於泥。占之,曰:"姬姓,日也;異姓,月也。必楚王也。射而中之,退之入於泥,亦必死矣。"及戰,射共王中目。王召養由基,與之兩矢,使射呂錡,中項,伏弢伏於弓套而死。以一矢復命。(因養由基之射,連類而及呂錡夢中之射,遂從呂錡夢占所射必楚王,而以'及戰'二字直入,'射共王中目'與前臨陣之事相續。此等神巧,惟左氏有之。)

郤至三遇楚子之卒,見楚子楚共王,必下,免冑而趨風向前快走,以示恭敬。楚子使工尹襄問之以弓,曰:"方事之殷也,有韎mèi,赤黃色韋柔牛皮之跗注一種軍衣,君子也。識適,剛才見不穀而趨,無乃傷乎?"郤至見客,免冑承命,曰:"君之外臣至從寡君之戎事。以君之靈,間參與蒙甲冑,不敢拜命。敢告不寧自己未受傷,君命之辱。爲事之故,敢肅使者。"三肅使者而退。

晉韓厥從鄭伯,其禦杜溷羅曰:"速從之是否快追?其禦屢顧,不在馬,可及也。"韓厥曰:"不可以再辱國君。"乃止。

卻至從鄭伯,其右茀翰胡曰:"諜輅之別遣輕兵從間道迎擊,余從之乘,而俘以下。"卻至曰:"傷國君有刑。"亦止。石首曰:"衛懿公惟不去其旗,是以敗於熒地名,即熒澤。"乃納他本作"內",通假字旌於弢中。唐苟謂石首曰:"子在君側,敗者壹大戰敗之軍應專一保護君主。(此篇雜敘戰事,並未明著勝敗之迹,故於唐苟請止見鄭之敗,於楚子及子重之謂子反見楚師之敗,於子反引罪見奔由中軍。一變從前諸戰壁壘,是謂文成而法立。)我不如子,子以君免,我請止。"乃死。

楚師薄於險。叔山冉謂養由基曰:"雖君有命,爲國故,子必射。"乃射,再發,盡殪。叔山冉搏人以投俘晉人以投晉軍,中車,折軾。晉師乃止。囚楚公子茷。

欒鍼見子重之旌,請曰:"楚人謂夫旌,子重之麾也,彼其子重也。日往日臣之使於楚也,子重問晉國之勇,臣對曰:'好以眾整。'曰:'又何如?'臣對曰:'好以暇從容。'今兩國治戎,行人不使,不可謂整;臨事而食言,不可謂暇。請攝飲代爲敬酒焉。"公許之。使行人執榼 kē,酒器承飲,造至於子重,曰:"寡君乏使,使鍼禦侍持矛,是以不得犒從者,使某攝飲。"子重曰:"夫子指欒鍼嘗與吾言於楚,必是故也。不亦識記乎?"受而飲之,免使者而復鼓。(欒鍼子見子重之旌,與卻至遇楚子之卒相映;行人執榼以飲子重,與工尹持弓以問卻子相映;子重受飲免使而復鼓,與卻子肅使而免胄相映。至二卿之從鄭伯,杜溷羅謂"可及";韓厥上之,茀翰胡謂"可俘",卻至止之。晉侯中日之筮,呂錡射月之占,又其顯見者也。)旦而戰,見星未已。(此戰實無大勝負,但楚君既集矢於目而復宵遁,子既反之卒又奔,故以敗績書。得此二語,情事了然。蓋日終而戰未已,楚師實未大奔也。以"旦"字遙接"晨壓晉軍",簡明而曲暢若此。)

子反命軍吏察夷傷創傷,補卒乘,繕甲兵,展陳車馬,雞鳴而食，唯命是聽。晉人患之。苗賁皇徇曰："蒐 sōu，檢閱乘、補卒、秣馬、利兵、修陳、固列、蓐 rù 食清早在床上吃早飯。意為早餐很早、申禱再次祈禱求勝，明日復戰！"乃逸楚囚故意放鬆楚囚使其逃逸，以傳佈假消息。王聞之，召子反謀。穀陽豎獻飲於子反，子反醉而不能見。王曰："天敗楚也夫！余不可以待。"乃宵遁。

晉入楚軍，三日穀。范文子立於戎馬晉屬公車馬之前，曰："君幼，諸臣不佞，何以及此？（未戰則切戒群臣，既勝則正告其君。戒臣則欲其輯睦以事君，戒君則欲其脩德以凝命。厲公之恃勝而驕，卻至之矜功而恣，欒書之失謀而譖。國亂君弒之情形，一一在文子心目中矣。故返國而使祝，祝宗祈死。杜預以爲因禱自裁也。）君其戒之。《周書》曰：'惟命不於常。'有德之謂。"

楚師還，及瑕地名，屬隨國，王使謂子反曰："先大夫之覆師徒者，君不在。子無以爲過，不穀之罪也。"子反再拜稽首曰："君賜臣死，死且不朽。臣之卒實奔，臣之罪也。"子重使謂子反曰："初隕師徒指子玉者，而同"爾"亦聞之矣。盍圖之？"對曰："雖微先大夫有之，大夫命側，側敢不義？側亡君師，敢忘其死？"王使止之，弗及而卒。此篇文字見《左傳‧成公十六年》。

此篇大指，在爲三郤之亡、厲公之弒張本作為伏筆而預先在前面說的話，故以范文子之言貫串通篇，而中間"國之存亡，天也"二語，尤前後之樞紐。蓋鄭之畔服，關楚、晉之興衰，欒書知之；晉之勝，孟獻子知之；楚之敗，申叔時知之、姚句耳知之；楚有間可乘，卻至知之、苗賁皇知之。而晉之逃楚,可以紓憂,幸勝轉爲亂本,則眾人皆不知。蓋眾人所知者,人事之得失;而文子所憂者,天命之去留。失政之經,棄民之信,則必敗;致己之謀,得敵之間,則可勝人事也。君無德,而以幸勝致亂亡;臣不睦,而以爭功生猜嫌。天命也。眾人夢,夢再告以國憂而不喻,故推極於天命之存亡以警之。而既勝之後,又正言"天命無常,惟德是與",以警其君也。

《左傳》以後敘次戰功,莫如《史記》項羽救趙之師。然其詞意精采,頗顯而易見。不若左氏五戰千巖萬壑,風云變見,不可端倪,使觀者目駭而神怡也。豈惟後人,即作者於五戰外,不過齊、秦之師,小有邱壑。過此,晉、楚二戰,皆略而不敘矣。蓋能事已極,無爲屋下架屋,如五嶽崇巍,雖造化之靈氣,亦不能多結也。

五戰惟鞌 ān,春秋齊地,今山東濟南市有闕文,其脈絡之灌輸,精神之貫注,遂莫可窺尋,可知古人爲文之不苟。

六、宋之盟

宋向戌善於趙文子,又善於令尹子木,欲弭mǐ,平息,停止,消除諸侯之兵以爲名。(欲以爲名,是明知兵之不可弭、信之不可保也,故曰"以誣道蔽諸侯"。)如晉,告趙孟。趙孟謀於諸大夫。韓宣子曰:"兵,民之殘殘害人民也,財用之蠹dù,耗費財用,小國之大菑同"災"也。將或弭之,雖曰不可,必將許之。("曰不可",知其誣也,姑許之以名,應也。)弗許,楚人許之,以召諸侯,則我失爲盟主矣。"晉人許之。如楚,楚亦許之。如齊,齊人難之。陳文子曰:"晉、楚許之,我焉得已?(知其誣,姑以名應。)且人曰'弭兵',而我弗許,則固攜我民使我民叛離矣,將焉用之?"齊人許之。告於秦,秦亦許之。皆告於小國,爲會於宋。

五月甲辰二十七日,晉趙武至於宋。丙午二十九日,鄭良霄至。六月丁未朔,宋人享趙文子,叔向爲介。司馬置折俎zǔ,古代祭祀放祭品的器物,禮也。仲尼使舉是禮也,以爲多文辭。(此言宋享文子之禮與詞足觀也,而晉、楚在會之詞與鄭子答六卿之賦,其綱維皆引於此。觀此可知,舊所載禮、詞甚多,左氏恐累篇法而薙芟也。與《齊語》薑氏告重耳凡數百言,而傳約以兩言同義。)戊申二日,叔孫豹、齊慶封、陳須無、衛石惡至。甲寅八日,晉荀盈從趙武至。丙辰十日,邾悼公至。壬戌十六日,楚公子黑肱先至,成言於晉與晉相約。丁卯二十一日,宋向戌如陳,從子木成言於楚。(晉、楚之無信久矣,故先要言以結之。)戊辰二十二日,滕成公至。子木謂向戌,請晉、楚之從,交相見也。庚午二十四日,向戌復於趙孟。趙孟曰:"晉、楚、齊、秦,匹也當時四大國,地位相匹敵。晉之不能於齊指揮齊,猶楚之不能於秦也。楚君若能使秦君辱於敝邑,寡君敢不固請於齊?"壬申二十六日,左師即向戌復言於子木,子木使馹ri,傳遞信息的馬車謁告訴諸王。王曰:"釋齊、秦,他國請相見也。"秋七月戊寅二日,左師至。是夜也,趙孟及子晳楚公子黑肱盟,以齊言。(又齊言以申固之)庚辰四日,子木至自陳。陳孔奐、蔡公孫歸生至。曹、許之大夫皆至。以藩藩籬爲軍。

晉、楚各處其偏。伯夙謂趙孟曰:"楚氛甚惡,懼難。"趙孟曰:"吾左旋他本作"還",義同,入於宋,若我何?"辛巳五日,將盟於宋西門之外,楚人衷甲甲在衣中。(在會而懷惡,乃欲以弭兵爲名乎?)伯州犁曰:"合諸侯之師,以爲不信,無乃不可乎?夫諸侯望信於楚,是以來服。若不信,是棄其所以服諸侯也。"固請釋甲。子木曰:"晉、楚無信久矣,事利而已唯行有利於我之事而已。苟得志焉,焉用有信?"(楚之無信,子木不自諱,而可望信於楚,以弭兵乎?)太宰伯州犁退,告人曰:"令尹將死矣,不及三年。求逞志而棄信,志將逞乎?志以發言,言以出信,信以立志,參言、信、志三者統一以定之。信亡,何以及三?"趙孟患楚衷甲,以告叔向。叔向曰:"何害也?匹夫一爲不信,猶不可,單同"殫",盡斃向前仆倒其死。若命他本作"合"諸侯之卿,以爲不信,必不捷矣。食言者不病不足困人,非子之患也。夫以信召人,而以僭假、不信濟利用之,必莫之與贊同也,安能害我?且吾因宋以守病,則夫能致死。雖倍楚一倍的楚军可也他本此句前有"與宋致死"四字,疑脫,子何懼焉?又不及是。他本此後有"曰弭兵以召諸侯,而稱兵以害我,吾庸多矣,非所患也"數字。"

季武子使謂叔孫以公命曰:"視比之於邾、滕。"既而齊人請邾齊以邾爲屬國,宋人請滕,皆不與盟。叔孫曰:"邾、滕,人之私私屬國也;我,列國也,何故視之?宋、衛,吾匹也。"乃盟。故不書其族,言違命也。(弭兵之利未見,而兼事晉、楚,盡財用爲小國之災,已先見矣。傳主釋經,故所載之事有枝贅者,而必曲爲綰合,可徵古文結撰之難。)

晉、楚爭先爭先歃盟。晉人曰:"晉固爲諸侯盟主,未有先晉者也。"楚人曰:"子言晉、楚匹也,若晉常先,是楚弱也。且晉、楚狎交替主諸侯之盟也久矣,豈專在晉?"叔向謂趙孟曰:"諸侯歸晉之德只語末助詞,無義,非歸其尸主盟也。子務德,無爭先。且諸侯盟,小國固必有尸盟者,楚爲晉細意謂楚爲小國之主盟者,不亦可乎?"乃先楚人。書先晉,晉有信也。(晉非能務德守信也,知楚之不可與爭耳。傳者曲爲紐結,故以信與晉。)

壬午六日,宋公兼享晉、楚之大夫,趙孟爲客,子木與之言,弗能對;使叔向侍言焉,子木亦不能對也。(仲尼所稱趙武享於宋之文詞也,此所稱子木、叔向之能言也,傳皆略焉。而後此所述,多趙武之言,何也?武之善言若此,則子木、叔向可知矣。蓋備舉前二享之文詞,則拳曲臃腫而不中繩墨,而文體爲之冗雜,故獨詳於終事。且自伯有而外,皆鄭卿自托於晉之詞,與楚無信而晉有信相應,又以見趙武能用叔向之言,務德以懷諸侯也。觀此可知,舊所載子木、叔向之言甚多,傳盡薙芟而約言以包舉之。)

乙酉九日,宋公及諸侯之大夫盟於蒙門之外。子木問於趙孟曰："范武子±會之德何如？"對曰："夫子之家事治，言於晉國無隱情，其視他本作"祝"史陳言他本作"信"於鬼神無愧辭。"子木歸以語王。王曰："尚崇高矣哉！能欷使欣喜神、人，宜其光輔五君指文、襄、靈、成、景以爲盟主也。"子木又語王曰："宜晉之伯也，有叔向以佐其卿，楚無以當之，不可與爭。"

晉荀盈遂如楚涖 lì 盟參加盟會。

鄭伯享設宴招待趙孟於垂隴地名，在今河南滎陽東北，子展、伯有、子西、子產、子太叔、二子石指印段、公孫段，公孫段字子石，印段字伯石從。趙孟曰："七子從君，以寵尊重武趙武，即趙孟也。請皆賦，以卒君貺 kuàng，以完成鄭君之賜，武亦以觀七子之志。"子展賦《草蟲》①。趙孟曰："善哉，民之主也！抑但是武也，不足以當之。"伯有賦《鶉之賁賁》②。趙孟曰："牀第 zǐ，牀版之言指男女枕席間的情話不踰閾 yù，門坎，況在野乎？非使人之所得聞也。"子西賦《黍苗》③之四章。趙武④曰："寡君在，武何能焉？"子產賦《隰桑》⑤。趙孟曰："臣他本作"武"請受其

---

① 《草蟲》：《詩·召南》之篇，其首章為："喓喓草蟲，趯趯阜螽。未見君子，憂心忡忡。亦既見止，亦既覯止，我心則降。"

② 《鶉之賁賁》：《詩·鄘風》之篇，其首章為："鶉之奔奔，鵲之彊彊。人之無良，我以為兄。"？

③ 《黍苗》：《詩·小雅》之篇，其首章為："芃芃黍苗，陰雨膏之。悠悠南行，召伯勞之。"

④ 武：他本作"孟"。

⑤ 《隰桑》：《詩·小雅》之篇，其首章為："隰桑有阿，其葉有難。既見君子，其樂如何！"

卒章。"子太叔賦《野有蔓草》①。趙孟曰："吾子之惠也。"印段賦《蟋蟀》②。趙孟曰："善哉,保家之主也!吾有望矣。"公孫段賦《桑扈》③。趙孟曰："'匪交匪敖',福將焉往?若保是言也,欲辭福祿,得乎?"

卒享,文子告叔向曰："伯有將爲戮矣。《詩》以言志,志誣其上而公怨之,以爲賓榮,其能久乎?幸而後亡。"叔向曰："然,已太,過於侈,所謂不及五稔 rěn,莊稼成熟。此指五年者,夫子之謂矣。"文子曰："其餘皆數世之主也。展氏他本作"子展"其後亡者也,在上不忘降。印氏其次也,樂而不荒。樂以安民,不淫以使之,後亡,不亦可乎?"

宋左師即向戌請賞,曰："請免死之邑。"公與之邑六十,以示子罕。子罕曰："凡諸侯小國,晉、楚所以兵威之,畏而後上下慈和,慈和而後能安靖其國家,以事大國,所以存也。無威則驕,驕則亂生,亂生必滅,所以亡也。天生五材金、木、水、火、土,民並遍用之,廢一不可,誰能去兵?兵之設久矣,所以威不軌而昭文德也。聖人以興以兵興,亂人以廢。廢興、存亡、昏明之故他本無"故"字術,皆兵之由也,而子求去之,不亦誣乎!(揭出隱情,通篇筋脈俱振。)以誣道蔽掩塞諸侯,罪莫大焉。縱無大討,而又求賞,無厭滿足之甚也。"削而投

---

① 《野有蔓草》:《詩·鄭風》之篇,其首章為:"野有蔓草,零露漙兮。有美一人,清揚婉兮。邂逅相遇,適我願兮。"

② 《蟋蟀》:《詩·唐風》之篇,其首章為:"蟋蟀在堂,歲聿其莫。今我不樂,日月其除。無已大康,職思其居。好樂無荒,良士瞿瞿。"

③ 《桑扈》:《詩·小雅》之篇,其首章為:"交交桑扈,有鶯其羽。君子樂胥,受天之祜。"

之。左師辭邑。

向氏欲攻司城。左師曰："我將亡,夫子存我,德莫大焉。(以誣罪之向戌,亦懣然以服,蓋本欲以爲名也。)又可攻乎？"君子曰："'彼己語中助詞,無義之子,邦之司直'①,樂善他本作"喜",指子罕之謂乎！'何以恤我？我其收之'②,向戌之謂乎！"此篇文字見《左傳·襄公二十七年》

兵本無可弭之理,雖欲暫弭,必諸侯相信而後可。晉、楚無信,諸侯懷疑,兵何自弭？知其不可弭而欲弭之,以爲名,是誣也。告於晉,晉知其不可；告於齊,齊知其不可而姑許之。彼以名求,亦以名應也。豈惟諸侯,即向戌豈不知其不可,特欲以誣道蔽諸侯耳！故始中終,皆用此意聯貫,猶恐間架濶遠,章法散漫,又以多文詞收攝收聚在會之語,及會畢過鄭賦詩贈答之事而多文詞,又以見晉之德不足以服諸侯而屈於蠻荊,徒喋喋於文詞,無益也。

《左傳》僖、文以前,義法謹嚴,詞亦簡練。宣、成以後,義法之精深如前,而詞或澶漫 chán màn,散亂矣,故

---

① "彼己之子,邦之司直"：《詩·鄭風·羔裘》句,原詩為："羔裘如濡,洵直且侯。彼其之子,捨命不渝。羔裘豹飾,孔武有力。彼其之子,邦之司直。"

② "何以恤我？我其收之"：《詩·周頌·維天之命》句,原詩為："維天之命,於穆不已。於乎不顯,文王之德之純！假以溢我,我其收之。駿惠我文王,曾孫篤之。"

於篇中可刪薙 shān tì，刪除者，勾畫以示其略。

《左傳義法舉要》卷一終

高要（廩生邱云鶴生員林煜昌）校字

# 後 跋

1. 楞伽山人記

　　此先大父_{祖父}館雲間時，從宛平鍾勵暇先生_{方苞弟子}借本鈔存。惟首篇爲他手所錄，自邲戰以下皆大父所手自書之者。時先大父年逾六十，右臂以酒後射鵠_{gǔ，箭靶。指射箭}，筋骨受病，故舉筆戰掣_{顫动拖拽}如此然，猶勉力自寫，亦冀以古文律度傳付子孫耳！計爾時余猶未成童_{年齡稍大的兒童}，今年五十六矣，齒髮皆衰，而紙本亦漸微壞，因書以示後人，使知寶惜。嘉慶庚午_{公元1810年}正月，楞伽_{léng qié}山人①記。

2. 李光廷②識

　　右《左傳義法舉要一卷》，桐城方望溪先生口授，王兆符、程崟_{yín}傳述，而長洲王世琪抄之以傳世。世琪，即王芑

---

　　① 楞伽山人：清人王芑孫(1755－1817)別號。王芑孫，字念豐（豐一作灃），一字漚波，號惕甫，一號鐵夫、雲房，又號楞伽山人，長洲（今江蘇蘇州）人。乾隆五十三年(1788)召試舉人，官華亭教諭。工書。卒年六十三。著《碑版廣例》、《楞伽山房集》、《淵雅堂集》。

　　② 李光廷（1812－1880）：字著道，號恢垣。番禺人。清咸豐元年(1851)中舉人。工詩及駢散文，尤精研史學地理。晚年以抄書自娛，凡63種，各繫以跋，成《守約篇叢書》160卷。另著有《漢西域圖考》、《廣元遺山年譜》、《北程考實》、《宛湄書屋文鈔》等。

孫鐵夫之祖也。王兆符，未詳。此篇僅五段原書實六段，而篇末與篇心皆有小批，單言文法，不説經義，應歸集部。以《左傳》文多，故置於此。望溪先生以古文鳴一代，其中必有卓見。而謂古人之法確是如此，則恐未然。世琪以貢生仕至宣城學訓導，篇中稱爲"宣城府君，年六十餘，猶尚手録"，則深嗜喜歡，愛好是書矣。鐵夫亦以召試舉人，仕至華亭教諭學官名。掌一縣教育、宗廟祭祀等，是書蓋其所藏云。光緒戊寅公元1878年春，番禺李光廷識。

圖書在版編目（CIP）數據

起鳳書院答問：外一種《左傳義法》/(清)姚永樸，(清)方苞著，郭康松等校注.—北京：華夏出版社，2013.4
（中國傳統：經典與解釋）
ISBN 978-7-5080-7488-7

Ⅰ.①起… Ⅱ.①姚… ②方… ③郭… Ⅲ.①雜著–中國–清代 Ⅳ.①Z429.49

中國版本圖書館CIP數據核字(2013)第030350號

起鳳書院答問：外一種《左傳義法》

作　　者	[清] 姚永樸、方苞
校　　注	郭康松等
責任編輯	王霄翎
出版發行	華夏出版社
經　　銷	新華書店
印　　刷	北京建築工業印刷廠南廠
裝　　訂	三河市萬龍印裝有限公司
版　　次	2013年4月北京第1版 2013年4月北京第1次印刷
開　　本	880×1230　1/32
印　　張	5.5
字　　數	120千字
定　　價	25.00元

華夏出版社　地址：北京市東直門外香河園北裏4號　郵編：100028
網址：www.hxph.com.cn　電話：(010)64663331(轉)
若發現本版圖書有印裝質量問題，請與我社營銷中心聯系調換。

西方传统：经典与解释

Classici et Commentarii
HERMES
刘小枫 主编

古今丛编

墙上的书写——尼采与基督教（修订增补本）
[德]洛维特／沃格林 等著

古希腊文学常谈
[英]多佛 等著

穆佐书简
[奥]里尔克 著

撒路斯特与政治史学
刘小枫 编

民主的本性——托克维尔的政治哲学
[法]马南 著

希罗多德的王霸之辨
吴小锋 编／译

梅尔维尔的政治哲学——《切雷诺》及其解读
李小均／译

第二代智术师——罗马帝国早期的文化现象
安德森 著

英雄诗系笺释
[古希腊]荷马 著

统治的热望
——修昔底德笔下的阿尔喀比亚德和帝国政治
[美]福特 著

席勒美学的哲学背景
[美]维塞尔 著

雅典谐剧与逻各斯
——《云》中的修辞、谐剧性及语言暴力
[美]奥里根 著

莱园哲人伊壁鸠鲁
罗晓颖 选编

托尔斯泰与陀思妥耶夫斯基（第一卷·生平与创作）
[俄]梅列日科夫斯基 著

托尔斯泰与陀思妥耶夫斯基（第二卷·宗教思想）
[俄]梅列日科夫斯基 著

自传性反思
[德]沃格林 著

黑格尔与普世秩序
[美]希克斯 等著

新的方式与制度——马基雅维利的《论李维》研究
[美]曼斯菲尔德 著

论埃及神学与哲学——伊希斯与俄赛里斯
[古希腊]普鲁塔克 著

凯撒的剑与笔
李世祥 编／译

纪念苏格拉底——哈曼文选
刘新利 选编

科耶夫的新拉丁帝国
[法]科耶夫 等著

夜颂中的革命和宗教——诺瓦利斯选集卷一
[德]诺瓦利斯 著

大革命与诗话小说——诺瓦利斯选集卷二
[德]诺瓦利斯 著

《利维坦》附录
[英]霍布斯 著

巨人与侏儒
[美]布鲁姆 著

或此或彼（上、下）
[丹麦]基尔克果 著

海德格尔与有限性思想（重订版）
刘小枫 选编

海德格尔式的现代神学
刘小枫 选编

走向古典诗学之路
——相遇与反思：与伯纳德特聚谈
[美]伯格 编

论宗教大法官的传说
[俄]罗赞诺夫 著

上帝国的信息
[德]拉加茨 著

双重束缚
[美]基拉尔 著

俄耳甫斯教祷歌
吴雅凌 编译

俄耳甫斯教辑语
吴雅凌 编译

黑格尔的观念论
[美]皮平 著

古今之争中的核心问题
[德]迈尔 著

浪漫派风格——施莱格尔批评文集
[德]施莱格尔 著

神圣的罪业
[美]伯纳德特 著

论永恒的智慧
[德]苏索 著

宗教经验种种
[美]詹姆斯 著

尼采反卢梭
[美]凯斯·安塞尔-皮尔逊 著

施米特对自由主义的批判
[美]约翰·麦考米克 著

舍勒思想评述
[美]弗林斯 著

诗与哲学之争
[美]罗森 著

基督教理论与现代
[德]特洛尔奇 著

亚历山大的克雷蒙
[意]塞尔瓦托·利拉 著

伊壁鸠鲁主义的政治哲学
[意]詹姆斯·尼古拉斯 著

神圣与世俗
[罗]伊利亚德 著

中世纪的心灵之旅——波纳文图拉神学著作选
[意]圣·波纳文图拉 著

弓弦与竖琴——从柏拉图解读《奥德赛》
[美]伯纳德特 著

论古人的智慧
[英]培根 著

希伯莱圣经历代注疏

希腊化世界中的犹太人
[英]威尔逊 著

第一亚当和第二亚当
[德]朋霍费尔 著

卢梭注疏集

论波兰政府
[法]卢梭 著

哲学的自传——卢梭的《孤独漫步者的遐思》
[法]卢梭 著

文学与道德杂篇
[法]卢梭 著

设计论证——卢梭的《社会契约论》
[美]吉尔丁 著

卢梭的自然状态
[美]普拉特纳 等著

卢梭的榜样人生——作为政治哲学的《忏悔录》
[美]凯利 著

柏拉图注疏集

柏拉图对话中的神
[德]薇依 著

理想国
[古希腊]柏拉图 著

厄庇诺米斯
[古希腊]柏拉图 著

论柏拉图对话
[德]施莱尔马赫 著

柏拉图《美诺》疏证
[美]克莱因 著

神话诗人柏拉图
张文涛 选编

人应该如何生活
[美]布鲁姆 著

阿尔喀比亚德
[古希腊]柏拉图 著

叙拉古的雅典异乡人——柏拉图《书简七》探幽
彭磊 选编

阿威罗伊论《王制》
[阿拉伯]阿威罗伊 著

《王制》要义
刘小枫 选编

柏拉图的《会饮》
[古希腊]柏拉图 等著

苏格拉底的申辩
[古希腊]柏拉图 著

苏格拉底与政治共同体
[美]尼科尔斯 著

柏拉图《法义》疏解
[美]潘戈 著

《法义》导读
[法]卡斯代尔·布舒奇 著

论真理的本质
[德]海德格尔 著

哲人的无知
[德]费勃 著

米诺斯
[古希腊]柏拉图 著

亚里士多德注疏集

尼各马可伦理学义疏——亚里士多德与苏格拉底的对话
[美]伯格 著

哲学之诗——亚里士多德《诗学》解诂
[美]戴维斯 著

对亚里士多德的现象学解释
[德]海德格尔 著

城邦与自然——亚里士多德与现代性
刘小枫 编

论诗术中篇义疏
[阿拉伯]阿威罗伊 著

哲学的政治——亚里士多德《政治学》疏证
[美]戴维斯 著

莱辛注疏集

汉堡剧评
[德]莱辛 著

关于悲剧的通信
[德]莱辛 著

《智者纳坦》研究版
[德]莱辛 等著

启蒙运动的内在问题——莱辛思想再释
[美]维塞尔 著

莱辛剧作七种
[德]莱辛 著

历史与启示——莱辛神学文选
[德]莱辛 著

论人类的教育——莱辛政治哲学文选
[德]莱辛 著

色诺芬注疏集

居鲁士的教育
[古希腊]色诺芬 著

驯服欲望——施特劳斯笔下的色诺芬撰述
[法]科耶夫 等著

论僭政——色诺芬《希耶罗》义疏
[美]施特劳斯 著

色诺芬的《会饮》
[古希腊]色诺芬 著

施特劳斯集

哲学与律法——论迈蒙尼德及其先驱
[美]列奥·施特劳斯 著

迫害与写作艺术
[美]列奥·施特劳斯 著

柏拉图式政治哲学研究
[美]列奥·施特劳斯 著

阅读施特劳斯
[美]斯密什 著

论柏拉图的《会饮》
[美]列奥·施特劳斯 著

霍布斯的宗教批判
[美]列奥·施特劳斯 著

斯宾诺莎的宗教批判
[美]列奥·施特劳斯 著

门德尔松与莱辛
[美]列奥·施特劳斯 著

柏拉图《法义》的论辩与情节
[美]列奥·施特劳斯 著

什么是政治哲学
[美]列奥·施特劳斯 著

古典政治理性主义的重生
[美]列奥·施特劳斯 著

犹太哲人与启蒙——施特劳斯演讲与论文集：卷一
[美]列奥·施特劳斯 著

苏格拉底问题与现代性
—— 施特劳斯演讲与论文集：卷二
[美]列奥·施特劳斯 著

回归古典政治哲学——施特劳斯通信集
[美]列奥·施特劳斯 著

隐匿的对话——施米特与施特劳斯
[德]迈尔 著

苏格拉底与阿里斯托芬
[美]列奥·施特劳斯 著

尼采注疏集

尼采的使命——《善恶的彼岸》绎读
[美]朗佩特 著

尼采与现时代——解读培根、笛卡尔与尼采
[美]朗佩特 著

动物与超人之间的绳索
[德]A. 彼珀 著

维吉尔注疏集

《埃涅阿斯纪》章义
王承教 选编

维吉尔的帝国
阿德勒 著

品达注疏集

幽暗的诱惑——品达、晦涩与古典传统
[美]汉密尔顿 著

新约历代经解

属灵的寓意
[古罗马]俄里根 著

赫西俄德集

神谱笺释
吴雅凌 撰

赫西俄德：神话之艺
[法]居代·德·拉孔波 等著

赫拉克勒斯之盾笺释
罗逍然 译笺

莎士比亚绎读

莎士比亚笔下的爱与友谊
[美]布鲁姆 著

莎士比亚戏剧与政治哲学
彭磊 选编

莎士比亚的政治盛典
[美]阿鲁里斯/苏利文 编

丹麦王子与马基雅维利
罗峰 选编

古希腊诗歌丛编

阿尔戈英雄纪
[古希腊]阿波罗尼俄斯 著

阿里斯托芬集

《阿卡奈人》笺释
[古希腊]阿里斯托芬 著

但丁集

但丁的圣约书
[美]霍金斯 著

美国宪政与古典传统

美国1787年宪法讲疏
[美]阿纳斯塔普罗 著

修昔底德集

修昔底德笔下的演说
[美]斯塔特 著

古希腊政治理论
格雷纳 著

古典学丛编

古典语文学常谈
克拉夫特 著

中国传统：经典与解释
Classici et Commentarii

经典与解释
刘小枫 陈少明◎主编

中国传统：经典与解释

青原志略
[明]方以智 原编

冬炼三时传旧火——港台学人论方以智
邢益海 编

药地炮庄
[明]方以智 著

周礼疑义辨证
陈衍 撰

经学通论
[清]皮锡瑞 著

韩愈志
钱基博 著

论语辑释
陈大齐 著

《庄子·天下篇》注疏四种
张丰乾 编

荀子的辩说
陈文洁 著

古学经子——十一朝学术史述林
王锦民 著

经学以自治——王闿运春秋学思想研究
刘少虎 著

《铎书》校注
孙尚扬 肖清和 等校注

大学素质教育读本

古典诗文绎读 西学卷·古代编（上、下）
古典诗文绎读 西学卷·现代编（上、下）

经典与解释辑刊 (刘小枫 陈少明 主编)

1　柏拉图的哲学戏剧
2　经典与解释的张力
3　康德与启蒙
4　荷尔德林的新神话
5　古典传统与自由教育
6　卢梭的苏格拉底主义
7　赫尔墨斯的计谋
8　苏格拉底问题
9　美德可教吗
10　马基雅维利的喜剧
11　回想托克维尔
12　阅读的德性
13　色诺芬的品味
14　政治哲学中的摩西
15　诗学解诂
16　柏拉图的真伪
17　修昔底德的春秋笔法
18　血气与政治
19　索福克勒斯与雅典启蒙
20　犹太教中的柏拉图门徒
21　莎士比亚笔下的王者
22　政治哲学中的莎士比亚
23　政治生活的限度与满足
24　雅典民主的谐剧
25　维柯与古今之争
26　霍布斯的修辞
27　埃斯库罗斯的神义论
28　施莱尔马赫的柏拉图
29　奥林匹亚的荣耀
30　笛卡尔的精灵
31　柏拉图与天人政治
32　海德格尔的政治时刻
33　荷马笔下的伦理
34　格劳秀斯与国际正义
35　西塞罗的苏格拉底
36　基尔克果的哲学与政治
37　《理想国》的内与外
38　诗艺与政治

刘小枫集

诗化哲学（重订本）
拯救与逍遥（修订本）
走向十字架上的真
现代性与现代中国：现代性社会理论绪论
这一代人的怕和爱（增订本）
圣灵降临的叙事（增订本）
沉重的肉身（第六版）
现代人及其敌人
拣尽寒枝
儒教与民族国家
罪与欠
施特劳斯的路标
好智之罪
重启古典诗学
西学断章

编修

凯若斯：古希腊语文读本（全二册）
雅努斯：古典拉丁语文读本
古典钢琴与作曲原理（通识读本）
《论诗术》章句

中國傳統　經典與解釋
Classici et Commentarii
華夏出版社
清人經史遺珠叢編

起鳳書院答問（外一種《左傳義法》）

姚永樸（1861-1939），字仲實，安徽桐城世家，屬麻溪一脈，桐城祖師姚鼐即出此系。永樸1901年客遊廣東信宜縣，為起鳳書院山長。《起鳳書院答問》便是其任山長時，對諸生疑問的解答匯總，後在山東任上整理修訂而成。書凡五卷，分經、史、子、集、雜，計80條，由之可睹20世紀之初的學術、社會風貌。

方苞(1668-1749)，字鳳九，晚號望溪，安徽桐城人，與姚鼐、劉大櫆合稱"桐城派三祖"。方苞繼承明人歸有光"唐宋派"的古文傳統，重視"義法"。《左傳義法》一書，以舉例形式專門講述《左傳》文辭義例，由方氏口授，門人王兆符、陳崟記錄並傳述，對於我們瞭解《左傳》文辭義例及古文寫作當有助益。

二書撰者之郡望皆屬桐城，且有淵源，故合為一編，以資互覽。

ISBN 978-7-5080-7488-7

定價：25.00元